해커스행정사
송상호
행정학개론

1차 핵심요약집

송상호

약력

현 | 해커스행정사·공무원·군무원 행정학 강의

전 | 제일고시학원 행정학 강의
  KG패스원 행정학 강의
  아모르이그잼 행정학 강의

저서

해커스행정사 송상호 행정학개론 1차 기본서
해커스행정사 송상호 행정학개론 1차 핵심요약집
해커스공무원 명품 행정학 기본서
해커스공무원 명품 행정학 단원별 기출문제집
해커스공무원 명품 행정학 실전동형모의고사 1
해커스공무원 명품 행정학 실전동형모의고사 2
해커스군무원 명품 행정학 19개년 기출문제집
해커스군무원 명품 행정학 실전동형모의고사
해커스공기업 쉽게 끝내는 행정학 기본서

3. 관리가 합격의 차이!
해커스이기에 가능한 단기합격 관리 시스템

업계 단독! 어디서도 볼 수 없었던
논술 끝장 집중케어 시스템

실전 대비 필수 코스!
해커스 전국 실전 무료 모의고사

수강생이라면 누구나! 1:1 집중케어
교수님께 질문하기 서비스

카톡, 전화로 언제 어디서나!
1:1 전문 상담진과 학습 상담

해커스행정사
핵심이론 강의 20% 할인권
K04FD4A29DKA0000

이용 경로
해커스행정사(adm.Hackers.com) 접속 후 로그인 ▶
메인페이지 우측 하단 [쿠폰&수강권 등록] 입력란에 쿠폰번호 등록 후 이용

* 유효기간: 2026년 12월 31일까지(등록 후 7일간 사용 가능)

▲ 쿠폰 등록 바로가기

해커스행정사
쌩기초특강 무료 수강권

이용 경로
해커스행정사(adm.Hackers.com) 접속 후 로그인 ▶
사이트 메인 상단의 [이벤트] 클릭 ▶
[★쌩기초특강 전과목 무료!] 배너 클릭 후 수강 신청 ▶
[마이클래스 - 패스 강좌]에서 강의 수강

* 신청 후 15일간 수강 가능(매일 선착순 100명 제공, ID당 1회에 한해 이용 가능)

▲ 지금 바로 무료 수강

서문

승리는 가장 끈기 있는 자에게 돌아간다.

행정학개론은 낯선 용어들과 방대한 범위로 많은 수험생들이 부담을 가지고 시작하는 과목입니다. 그러나 우리에게 중요한 것은 학문으로서의 행정학 완성이 아닌, 시험에 출제되는 행정학 이론만을 효율적으로 학습하는 것입니다.
빠른 시간 내에 고득점을 하기 위해서는 먼저 기본 개념과 이론을 정확하게 이해한 후에 전체의 흐름을 잡으며 학습을 심화시켜야 합니다.

이에 『해커스행정사 행정학개론 핵심요약집』은 수험생 여러분들이 행정학개론 과목을 보다 쉽게 이해하고 효율적으로 학습할 수 있도록 내용을 구성하였습니다.

『해커스행정사 행정학개론 핵심요약집』은 다음과 같은 특징이 있습니다.

첫째, 기본서의 방대한 내용을 압축정리하여 학습 분량을 줄임으로써 행정학개론의 핵심내용을 효율적으로 학습할 수 있습니다.
둘째, 'Plus 보충', 'TIP' 등 다양한 학습장치를 수록하여 함께 알아두면 도움이 되는 이론까지 연계하여 학습할 수 있습니다.
셋째, 부록 '지방자치법 전부개정 주요내용'을 통해 중요 개정사항을 빠짐없이 학습할 수 있습니다.

더불어, 행정사 시험 전문 사이트 해커스행정사(adm.Hackers.com)에서 교재 학습 중 궁금한 점을 나누고, 다양한 무료 학습 자료를 함께 이용하여 학습 효과를 극대화할 수 있습니다. 부디 『해커스행정사 행정학개론 핵심요약집』과 함께 행정사 시험 고득점을 달성하고 합격을 향해 한 걸음 더 나아가시기를 바랍니다.

2025년 8월
송상호

목차

이 책의 구성   6
행정사 시험안내   8
출제경향분석 및 수험대책   10

제1편 행정학 총설   14

제2편 정책학   46

제3편 행정조직론   72

제4편 인사행정론   104

제5편 재무행정론　　132

제6편 지식정보화 사회와 환류론　　156

제7편 지방행정론　　166

부록
지방자치법 전부개정 주요 내용　　186

이 책의 구성

꼭 알아야 하는 필수개념 압축정리!

행정사 1차 시험 대비를 위한 필수개념만을 압축정리하여, 행정학개론 과목을 단기간에 효과적으로 학습할 수 있도록 구성하였습니다.

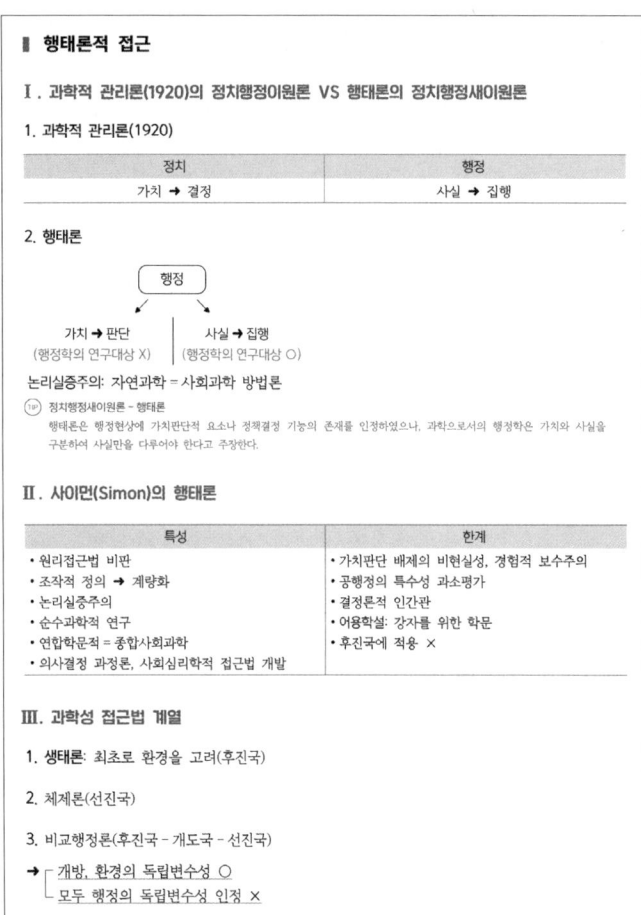

1. 출제 가능성이 높은 핵심이론을 선별하여, 시험에 나올 내용만을 단기간에 집중적으로 학습할 수 있습니다.

2. 최근 개정된 법령을 교재 내 이론에 전면 반영하여 학습 시점에 맞는 정확한 내용으로 학습할 수 있습니다.

3. 복잡하거나 이해하기 어려운 내용은 도식화하여 쉽게 이해하고 효과적으로 암기할 수 있으며, 헷갈리는 이론은 표를 통해 쉽게 비교, 정리할 수 있습니다.

다양한 학습장치를 통한 효율적인 학습!

압축 이론을 빠르게 정리하고 반복할 수 있도록, 다양한 학습장치를 통해 실전 대비에 효과적인 구조로 구성하였습니다.

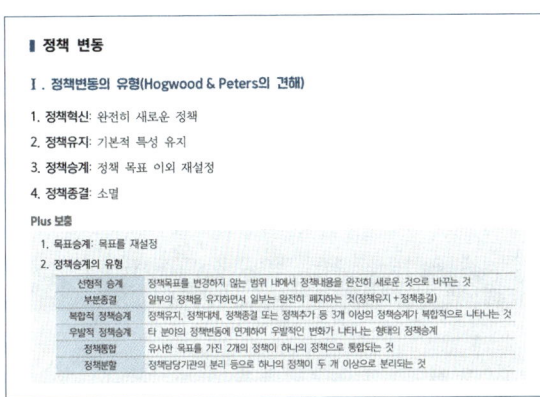

1. Plus 보충
압축 이론과 관련하여 추가로 알아두면 좋을 내용을 "Plus 보충" 코너로 선별하여, 심화 학습이 가능하도록 구성하였습니다.

2. 조문
반드시 알아야 할 핵심 조문을 이론과 연계하여 수록하였습니다. 이를 통해 단순 암기를 넘어 이론을 유기적으로 연계하여 학습할 수 있도록 구성하였습니다.

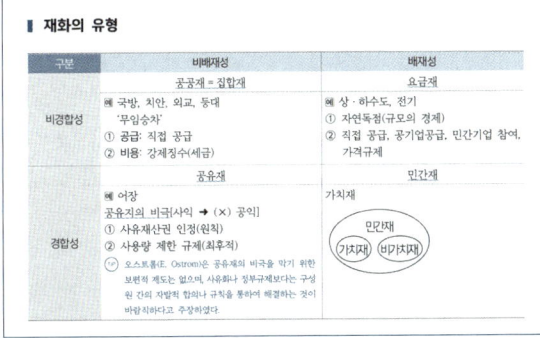

3. Tip
학습 시 주의해야 할 내용이나 헷갈리기 쉬운 이론은 "Tip"을 통해 한 번 더 설명하였습니다. 이를 통해 세부적인 내용까지 꼼꼼히 확인하고 정리할 수 있습니다.

행정사 시험안내

▌원서 접수방법

- 국가자격시험 행정사 홈페이지(www.Q-net.or.kr/site/haengjung)에 접속하여 소정의 절차를 거쳐 원서를 접수합니다.
- 인터넷 원서 접수 시 최근 6개월 이내에 촬영한 본인의 여권용 사진(300×400 이상, dpi 300 권장, JPG, 용량 200KB 이하)을 등록합니다.
- 응시 수수료는 1차 25,000원, 2차 40,000원입니다.
  *2025년 제13회 행정사 시험 일반응시자 기준

▌시험 과목 및 시간

차수 및 교시		시험 과목		문항 수	시간
1차	1교시	• 민법(총칙 관련 내용으로 한정) • 행정법 • 행정학개론(지방자치행정 포함)		과목당 25문항 (총 75문항)	75분 (09:30~10:45)
2차	1교시	• 민법(계약 관련 내용으로 한정) • 행정절차론(행정절차법 포함)		과목당 4문항 (논술 1문제, 약술 3문제)	100분 (09:30~11:10)
	2교시	[공통] 사무관리론(민원 처리에 관한 법률, 행정업무의 운영 및 혁신에 관한 규정 포함)	[선택(택1)] • 행정사실무법(행정심판사례, 비송사건절차법) • 해사실무법(선박안전법, 해운법, 해사안전기본법, 해상교통안전법, 해양사고의 조사 및 심판에 관한 법률) • 해당 외국어(외국어능력검정시험으로 대체)		일반·해사 100분 (11:40~13:20) 외국어번역 50분 (11:40~12:30)

2026 해커스행정사 송상호 행정학개론
1차 핵심요약집

▌시험일정 및 방법

구분	2025년 제13회 1차	2025년 제13회 2차
시험일정	2025년 5월 31일(토)	2025년 9월 27일(토)
합격자 발표	2025년 7월 2일(수)	2025년 12월 10일(수)
방법	• 객관식 5지 선택형 • 국가전문자격 공통 표준형카드에 답안 작성	• 논술형 및 약술형 • 국가전문자격 주관식 답안지에 답안 작성

*2025년 제13회 행정사 시험 기준
*정확한 일정은 국가자격시험 행정사 홈페이지 공지사항 참고

▌최종 정답 및 합격자 발표

최종 정답 발표	인터넷(www.Q-net.or.kr/site/haengjung)을 통하여 확인 가능합니다.
합격자 발표	최종 합격자 발표는 1차 및 2차 시험을 각각 치른 약 한 달 후에 행정사 홈페이지 (www.Q-net.or.kr/site/haengjung) 혹은 ARS(1666-0100, 유료)를 통하여 확인 가능합니다.
합격자 결정 방법	• 제1차 시험과 제2차 시험 합격자는 과목(제2차 시험의 외국어시험은 외국어능력검정시험으로 대체)당 100점을 만점으로 하여 모든 과목의 점수가 40점 이상이고, 전 과목의 평균 점수가 60점 이상인 사람을 합격자로 합니다. • 단, 2차 시험 합격자가 최소 선발인원보다 적은 경우에는 최소 선발인원이 될 때까지 모든 과목의 점수가 40점 이상인 사람 중에서 전 과목 평균 점수가 높은 순으로 합격자를 추가로 결정하고, 이 경우 동점자가 있어 최소 선발인원을 초과하는 경우에는 그 동점자 모두를 합격자로 합니다. • 최소 선발인원이 적용되는 일반·해사행정사(공무원 경력에 의해 2차 시험 일부 과목을 면제받는 응시자 포함) 2차 시험에서 합격자 결정 시, 공무원 경력 일부 과목 면제 합격자 수에 상관없이 일반 응시자가 최소 선발인원에 도달할 때까지 점수 순위에 따라 추가 합격자로 합니다.

출제경향분석 및 수험대책

▌ 편별 출제비중

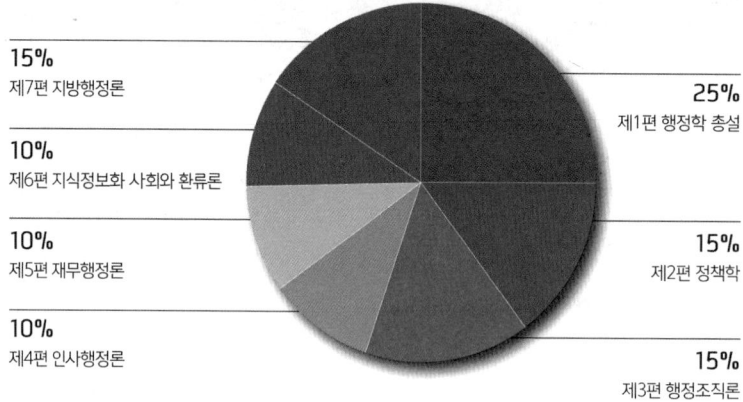

- 15% 제7편 지방행정론
- 10% 제6편 지식정보화 사회와 환류론
- 10% 제5편 재무행정론
- 10% 제4편 인사행정론
- 25% 제1편 행정학 총설
- 15% 제2편 정책학
- 15% 제3편 행정조직론

▌ 2025년 제13회 행정학개론 총평

- **2022년까지의 출제경향**
  단순 암기형 문제가 60% 정도입니다(예 행정에 대한 내부통제·외부통제 구별 문제 등). 따라서 수험가에서 극히 단기적·피상적으로 준비한 수험생도 40점 과락을 넘고 60점대 점수가 나왔습니다.

- **2023년~2024년의 출제경향**
  단순 암기형 출제비중이 50% 이하로 바뀌고, 공무원 시험의 경우처럼 이해도를 측정하는 문제와 이론의 깊이를 묻는 문제가 일부 출제되었습니다.

- **2025년의 출제경향**
  기존의 출제흐름을 완전히 바꿔서 행정학다운 시험문제가 출제되었습니다. 단순 암기형 문제의 비중이 급격히 하락하고, 행정학 전반에서 이해도를 측정하는 이론 문제와 법령에서 심도 있게 출제되었습니다.

2026년 제14회 행정학개론 수험대책

- 일부 수험생들은 특정 파트를 버리는 공부를 하는데, 이는 잘못된 방식입니다. 앞에서 다룬 출제비중은 지금까지의 통계치이지 절대적 비중은 아닙니다. 특히, 행정사는 출제의 역사가 짧기 때문에 계속 출제의 범위가 넓어지고 있습니다.
- 행정학 전 범위 학습은 시험에 합격하기 위한 공부를 해야 합니다.

기존 기출문제	• 기존의 기출문제는 반드시 정리하여야 합니다. • 커리큘럼: 기본이론, 단원별 기출 및 단원별 예상문제
예상문제	• 최근 5년 이내에 타 시험(공무원시험)에서 반복적으로 출제된 문제는 정리하여야 합니다. • 커리큘럼: 기본이론, 단원별 기출 및 단원별 예상문제, 실전 동형

해커스행정사
adm.Hackers.com

제1편

행정학 총설

제1편 행정학 총설

행정의 개념

Ⅰ. 넓은 의미(광의)

집단적·협동적 의사결정

Ⅱ. 좁은 의미(협의)

정부관료제가 하는 행동

Ⅲ. 최근 의미

거버넌스(협치)
➔ 공공문제 해결을 위해 국가 - 시장 - 시민사회 공동체로 구성된 연결망을 통한 집합적 노력

행정과 정치

정치	행정(공행정)	경영(사행정)
• 투표로 선출 • 민주적 정당성 • 가치판단: 결정	• 시험으로 선발 • 전문적 능력 • 집행 / 관리	집행 / 관리

- **정치행정이원론 = 공사행정일원론**: 행정과 경영의 유사점을 강조하는 이론 - 윌슨(Wilson), 굿노(Goodnow), 귤릭(Gulick), 어윅(Urwick)
- **정치행정일원론 = 공사행정이원론**: 행정과 경영의 차이점을 강조하는 이론 - 디목(Dimock), 애플비(Appleby)

행정과 경영

Ⅰ. 차이점

구분	행정	경영
① 주체	정부	기업
② 목적	공익	사익
③ 평등	강함	약함
④ 권력	강함	약함
⑤ 법적 제약	강함	약함
⑥ 정치성	강함	약함

Ⅱ. 유사점

1. 집단행위
2. 협동행위
3. 의사결정
4. 관료제
5. 수단, 관리

행정의 변천

구분	19c 근대 입법 국가	20c 현대 행정 국가	20c 후반(1980) 신행정국가
자원 배분장치	시장의 경쟁	계서적 통제	다시 시장의 강조
정부의 기능	최소한의 질서유지 기능	적극적 역할을 강조하는 적극정부론	기업가적 정부

→ 시장실패(1930) 경제대공황
→ 정부실패(1970)

시장실패

시장의 조건		시장실패의 원인		정부개입 형태
완전경쟁 (다수의 공급자·수요자)	↔	① 불완전경쟁 - 독과점 ② 규모의 경제(전기·가스·수도 등) → 자연독점	→	• 독과점 규제 • 직접 공급(공기업) • 가격규제
완전정보	↔	③ 정보의 비대칭성 (역선택과 도덕적 해이)	→	정보정책(허위광고규제, 표준설정, 성능표시의무화 등)
시장 내부에서 거래 성립	↔	④ 외부효과 ┌ 외부불경제효과 → 과다생산 └ 외부경제효과 → 과소생산	→	• 조세·부담금·벌금 부과 • 보조금 지급
		⑤ 공공재 → 비배제성·비경합성 → 시장에서 공급 곤란	→	정부의 직접 공급
↓ 효율적 자원배분 (Pareto 최적)		⑥ 소득분배의 불공평	→	소득재분배 정책
		⑦ 경기불안정과 경제성장 둔화 (실업과 인플레이션)	→	경기안정화 및 경제성장정책

재화의 유형

구분		비배제성	배제성
비경합성		공공재 = 집합재	요금재
		예 국방, 치안, 외교, 등대 '무임승차' ① 공급: 직접 공급 ② 비용: 강제징수(세금)	예 상·하수도, 전기 ① 자연독점(규모의 경제) ② 직접 공급, 공기업공급, 민간기업 참여, 가격규제
경합성		공유재	민간재
		예 어장 공유지의 비극[사익 → (X) 공익] ① 사유재산권 인정(원칙) ② 사용량 제한 규제(최후적) TIP 오스트롬(E. Ostrom)은 공유재의 비극을 막기 위한 보편적 제도는 없으며, 사유화나 정부규제보다는 구성 원 간의 자발적 합의나 규칙을 통하여 해결하는 것이 바람직하다고 주장하였다.	가치재 민간재 (가치재) (비가치재)

외부효과

구분	외부경제 효과	외부불경제 효과
개념	의도 ×, 이익을 줌	의도 ×, 손해를 줌
예	과수원 ← × 양봉업 → 이익	비료 공장 → × 주민 → 손해
시장실패	과소생산	과다생산
정부개입	개인에게 α만큼 보조금 지급	① 찬성: 피구 - 개인에게 α만큼 벌금, 세금, 부담금 ② 반대: 코즈 - 재산권의 명확화

정보의 비대칭성

역선택	도덕적 해이
감춰진 특성	감춰진 행동

시장실패에 대한 대응

→ 불완전경쟁과 자연독점의 정부대응 방식의 차이점

구분	공적 공급	공적 유도	공적 규제
공공재의 존재	○		
외부효과		○	○
자연독점	○		○
불완전경쟁			○
정보의 격차		○	○

(TIP) 가장 강한 개입인 공적 공급은 공공재와 자연독점에서만 이루어짐

정부규제

Ⅰ. 개념

시장실패를 극복하고 바람직한 사회·경제 질서를 구현하기 위해 정부가 시장에 개입하는 것

Ⅱ. 규제의 유형

1. 영역별 분류

구분	경제적 규제		사회적 규제 (가장 최근)
	협의, 경제적 규제	독과점 규제	
내용	경쟁 제약	경쟁 촉진	기업의 사회적 책임
예	① 진입규제 ② 가격규제 ③ 퇴거규제	① 부당한 공동행위(가격 담합) ② 불공정 거래 규제	① 소비자 보호규제 ② 환경규제 ③ 산업장 안전규제
특징	개별산업, 재량권 ○ 지대추구, 포획 / 규제 완화	모든 산업, 재량권 × 대립 / 유지 또는 강화	

2. 수단별 분류

탈규제	자율규제	간접규제	직접규제	직접공급
← 약		시장유인적 규제 • 금전적 제재: 벌금 부과 • <u>시장의 선택(가공식품 성분표시)</u> • <u>공해배출권</u>	명령지시적 규제 • 법령으로 금지 • 허가	강 →

규제의 폐단

<u>규제실패</u> ➡ 대부분 경제적 규제에서 발생

1. 경제적 비효율, 기회의 불공평

2. 관료부패의 가능성(지대추구, 포획)

3. 경쟁의 결여, 기술개혁에 소홀

4. 정부조직의 팽창

5. **규제의 악순환**: 끈끈이 인형 효과 "규제는 또 다른 규제를 부른다"

행정규제기본법(1997)

→ 규제완화가 목적

1. 규제 법정주의

2. 규제 최소한의 원칙

3. **규제 일몰제도**: 규제 존속시한(5년 이내)

4. **규제 영향분석**
① 사전에 파악, 규제를 신설·강화 시(규제완화는 규제 영향분석을 하지 않는다)
② 규제하고자 하는 해당 중앙행정기관장이 함

5. **규제 등록제도**: 규제개혁위원회에 등록

6. 총량규제(규제총량예산제)

7. 대통령 소속의 규제개혁위원회 설치

> 제25조【구성 등】① 위원회는 위원장 2명을 포함한 20명 이상 25명 이하의 위원으로 구성한다.
> ② 위원장은 국무총리와 학식과 경험이 풍부한 사람 중에서 대통령이 위촉하는 사람이 된다.

구체적 개혁방안

1. Positive system(원칙 금지, 예외적 허용) → Negative system(원칙 허용, 예외적 금지)
2. 경제적 규제 완화, 사회적 규제 강화
3. 강한 규제에서 약한 규제로

강한 규제	약한 규제
• 사전 • 수단(투입) • positive system	• 사후 • 성과(산출) • negative system

↓

시험의 핵심: 약한 규제가 피규제자의 자율성이 더 크다.

윌슨(Wilson)의 규제정치모형

규제 ┌ 수익자 집단: 지지 세력
      └ 비용부담집단: 저항 세력

다수: 집단행동의 딜레마(N · N-1, 여기서 1은 무임승차)

비용 \ 편익	(소수) 집중	(다수) 분산
(소수) 집중	이익집단정치 강한 투쟁 → 타협적 결정 예) 양의사 – 한의사, 의약분업 정책에 있어 의사와 약사의 대립, 노사 규제, 중소기업 간 영역 규제	기업가적 정치 • 수익집단: N · N-1 → 지지 X 정책 • 비용집단: 강한 저항 예) 환경오염규제, 안전규제 ┬ ① 원자력 ├ ② 자동차 └ ③ 위생물품
(다수) 분산	고객의 정치 • 비용집단: N · N-1 • 수익집단: 지대추구, 포획 예) 수입규제, 직업면허, 농산물 최저가격 규제, 택시사업 인가	대중의 정치 공익 집단의 문제 제기 예) 음란물 규제, 낙태 규제, 사회적 차별 규제, 종교활동 규제, 차량 10부제

정부실패의 원인

1. **정치적 보상체계 왜곡**

2. **정치인의 단견(높은 시간적 할인율)**: 단기적인 편익, 비용 높게 평가

3. **비용과 수입의 단절**: 이윤 개념 부재

4. **정부산출물**: 추상, 무형, 비계량 → 성과 측정 X

5. **독점** → X-비효율성

6. **내부성(사적목표의 설정)**: 공익이 아니라 내부의 사적목표설정

7. **X-비효율성**

8. **파생적 외부효과**: 정부 정책의 부작용

9. **권력의 편재** → 권력과 특혜에 따른 분배적 불공평

정부실패에 대한 대응

구분	민영화	보조삭감	규제완화
사적 목표 설정	○		
X-비효율, 비용체증	○	○	○
파생적 외부효과		○	○
권력의 편재	○		○

1. **민영화로만 가능**: 사적 목표 설정
2. **민영화로는 불가능**: 파생적 외부효과
3. **권력의 편재**: 보조금 ×

공공재의 적정 공급 규모

Ⅰ. 과소공급

1. **의존효과**: 소비는 광고와 선전에 의존
2. **전시효과**: 과시효과
3. 조세저항
4. 합리적 무지

Ⅱ. 과다공급

1. **와그너(Wagner)의 도시화**: 소득수준 향상 → 재정규모 팽창
2. **전위효과, 대체효과** ─ 위기 시에 국민의 조세부담증대에 대한 허용 수준이 높아진 후 원상태로 되돌아가지 ×
   └ 공적 지출이 사적 지출을 대신함
3. **보몰병**: 노동집약적 성격 → 비용이 줄어들지 ×
4. **예산극대화**: 권력 극대화 위해 자기 부서의 예산 극대화 추구

공공부문의 민간화

정부가 $\begin{bmatrix} 생산(×) \\ 공급(○) \end{bmatrix}$ 에 대한 최종적 책임을 짐

Ⅰ. 민영화 방법과 전략

> **Plus 보충** 공공서비스 생산방식의 유형
> 1. **일반행정형**: 정부가 직접 공급·생산해야 하는 공익 우선의 기본적인 일반행정사무
> 2. **책임경영형**: 정부가 시장 논리에 따라 공급·생산하는 방식(공기업이나 책임운영기관 등)
> 3. **민간위탁형**: 공급의 책임은 정부에 귀속되지만 생산은 민간이 수행하는 방식
> 4. **민영화형**: 민간이 공급과 생산을 담당할 충분한 시장탄력성을 가진 경우

1. 정부기능 민간이양
2. 주식 자산 매각
3. **면허**: 민간 조직에게 일정 구역 내에서 공공서비스를 제공할 수 있는 배타적 권한을 입찰로 팖. 일정 기간 동안 정부가 가격, 서비스의 양과 질 규제
4. **보조금 지급**: 서비스가 기술적으로 복잡하여 명시, 예측 곤란할 때
5. **자원봉사활동**: 서비스 생산과 관련한 현금지출은 $\begin{bmatrix} 보상 ○ \\ 보수 × \end{bmatrix}$

   예 레크리에이션, 안전 모니터링, 복지사업
6. **자조활동**: 공급자 = 수요자 동일집단, 자급자족
7. **민간계약 = 외부계약**: 경쟁 입찰로 서비스 생산 주체 결정, 정부가 비용 지불
8. 사용자(수익자) 부담주의
9. **증서(바우처)**: 저소득층에게 특정 재화, 서비스 이용 가능한 쿠폰 지급

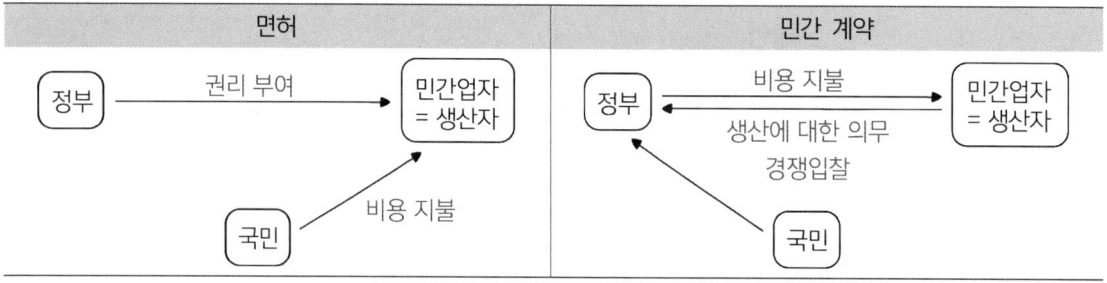

(TIP) 둘 다 공급에 대한 최종적 책임은 정부가 짐

Ⅱ. 바우처(Voucher)

1. 종류

① 명시적(실질) 바우처: 수요자에게 주는 것
② 묵시적(명목) 바우처: 공급자에게 주는 것

2. 형태

① 종이 바우처: 쿠폰
② 전자 바우처: 카드 예 노인돌봄, 산모돌봄
　→ 관리, 운용 효율성 & 투명성 제고: 바우처 이용자의 실시간 모니터링이 가능

3. 특징: 소비자가 선택권 행사

4. 단점: 바우처의 전매, 서비스의 누출, 관료와 서비스제공자 간의 유착

Ⅲ. 민영화 장·단점

장점	단점
• 효율성(능률성) ↑	• 책임성 ↓
• 정부규모 적정화, 작은 정부	• 형평성 ↓
• 행정서비스 질 향상	• 안정성 ↓
• 민간경제 활성화	• 저렴한 서비스 제약(형평성 ↓)

Ⅳ. 민영화 저해요인

크림 탈취 현상(Cream Skimming)
→ 정부는 적자 사업만 민영화하려 하고, 민간기업은 흑자 사업만 원함

사회간접자본(SOC) 민자유치제도

Ⅰ. 민자유치방식

구분	BOT	BTO	BLT	BTL
전제	민간이 운영 (기업은 시설대상자산으로부터 일정 기간 동안 사용료 수익을 소비자로부터 받는 방식)		정부가 운영 (기업은 일정 기간 동안 임대료를 정부로부터 받는 방식)	
운영기간 동안 시설 소유권 주체	민간	정부	민간	정부
소유권 이전 시기	운영종료 시점	준공 시점	운영종료 시점	준공 시점

최소수입보장제도(MRG) 폐지 - 민간 기업에 최소한 수입을 보장해주는 제도를 폐지함

3섹터

Ⅰ. 섹터의 구분

구분	1섹터(정부)	3섹터		2섹터(시장)
법적기능	정부조직, 공적기능	민간조직, 공적기능		민간조직, 사적기능 (영리행위)
		준정부조직 • 의도성 • 정부로부터 통제 예) 공무원연금공단	비정부조직(NGO) • 자발성 • 시장, 정부 모두 견제 예) 참여연대	

Ⅱ. 중간조직 형성 배경

1. **공공재 공급 모형**: 기존 공급체계(시장, 정부)에서 공급되지 못한 수요를 충족시키기 위하여 NGO가 발생
2. **계약실패 모형**: 거래비용이론(시장실패 극복비용), 소비자는 비영리성인 3섹터를 더 신뢰함
3. **소비자통제이론**: 소비자(시민)가 국가권력 감시

비정부기구(NGO)

Ⅰ. 등장배경

시장실패와 정부실패의 동시 극복 수단

Ⅱ. 특징

1. 사적조직 ↔ 공적조직(정부조직)
2. 공식적(지속적 조직)
3. 비영리조직
4. 자발적 조직
5. 공익 추구

Ⅲ. 정부와의 관계

1. **대체적 관계**: 대신하는 관계
2. **보완적 관계** ┌ 정부 – 재정지원
   └ NGO – 생산(협조 관계)
3. **대립적 관계**: 상호 감시 ➡ 공공재 성격에 대한 근본적인 시각의 차이 때문
4. **의존적 관계**: 개발도상국에서 정부가 의도적으로 육성
5. **동반자 관계**: 독립된 파트너로서 서로 인정, 서로의 파트너십을 인정, 가장 일반적이며 바람직한 모형

Ⅳ. 살라몬(Salamon)의 NGO 실패 모형

1. **박애적 불충분성**: 자원 부족
2. **박애적 아마추어리즘**: 전문성 ↓
3. **박애적 배타주의**: 수혜자 제한
4. **박애적 온정주의**: 소수의 결정에 좌우 ➡ 과두제로 전락

행정의 가치

1. **본질적 가치**: 공익, 정의, 자유, 평등, 사회적 형평성
2. **수단적 가치**: 민주성 등 나머지
3. **도덕적 가치의 절대적·상대적 여부**

목적론(상대론)	• 보편적 가치판단 기준은 존재하지 않으며 행위의 결과를 기준으로 옳고 그름을 판단해야 한다는 것 • 최선의 결과를 가져오는 행위는 옳고, 그렇지 못한 행위는 그르다는 가치상대주의 입장
의무론(절대론)	결과에 관계없이 옳고 그름을 판단하는 보편적 원칙이나, 기준이 선험적으로 존재한다고 믿는 가치절대주의 입장

Ⅰ. 본질적 가치

1. **공익성**: 불확정 개념, 동태성, 상대성, 행정이 추구하는 최고의 가치

과정설(소극설)	실체설(적극설)
• 사익의 합 = 공익 • 개인과 구별되는 전체를 인정하지 않음 • 사익 간의 타협·조정 • 사익과 공익은 본질적으로 차이가 없음 • 사익과 공익의 충돌 • 지역·집단 이기주의 발생 • 선진·민주·다원화된 사회에 적용	• 사익의 합 ≠ 공익 • 개인과 구별되는 전체를 인정함 • 전체의 이익이 공익 • 국가나 정부의 적극적 역할 강조 • 사익과 공익은 본질적으로 다름(공익이 우월적 지위) • 사익과 공익은 충돌하지 않음 • 이기주의 극복 • 후진국·권위주의 사회에 적용

2. **정의**: 롤스(J. Rawls)의 정의론(중도적 입장)

제1원리	(평등한) 자유의 원리: 다른 사람의 자유를 침해 × 범위 내

제2원리	① 기회 균등의 원리
	② 차등의 원리: 최소극대화 원리(Maximin) 약자에게 가장 큰 혜택 → 사회적 형평성
	   ㉠ 무지의 장막
	   ㉡ 원초적 상태

→ 원리 충돌
① 1원리와 2원리가 충돌 시: 1원리가 우선
② 2원리 내에서 기회 균등과 차등의 원리가 충돌 시: 기회 균등의 원리가 우선

3. 보수주의와 진보주의 비교

구분	보수주의	진보주의
추구하는 가치	소극적 자유(국가로부터의 자유) 강조	적극적 자유(국가에 의한 자유)를 열렬히 옹호
인간관	합리적 경제인관(이기적 인간)	욕구, 협동, 오류가능성의 여지가 있는 인간관
시장관	애덤 스미스(A. Smith)의 보이지 않는 손(가격)에 대한 믿음 - 자유시장에 대한 신념	효율과 공정, 번영과 진보에 대한 시장의 잠재력을 인정하되 시장의 결함과 윤리적 결여 강조
정부관	• 최소한의 정부 - 정부 불신 • 청교도 사상에 입각	• 적극적인 정부 - 정부개입 중시 • 종교의 자유 강조
경제정책	규제완화, 세금감면, 사회복지정책의 폐지 등을 옹호	소득재분배정책, 사회보장정책, 공익추구를 위한 정부규제 등의 정책을 옹호

4. 가외성

① 정의: 불확실성을 극복하고자 중요한 것은 여분으로 가지고 있는 것

불확실성을 극복	중요한 것	여분
• 신뢰성 • 안정성 • 적응성 • 정확성	• 신경구조성 • 체제성	• 창조성 • 협상의 사회

② 가외성 특성
  ㉠ 중첩성
  ㉡ 반복성
  ㉢ 동등 잠재력
③ 가외성 한계
  ㉠ 갈등 ➡ 책임한계 모호
  ㉡ 능률성 · 효율성 · 경제성과 충돌

사회적 자본

1990: 뉴거버넌스론 ➡ 사회적 자본

1. 연계망

2. 공동체 주의

3. 신뢰

4. 협력

5. 장·단점

장점	단점

① 집단행동의 딜레마 극복
② 거래비용 감소
③ 사회적 자본 다양성
  ㉠ 상향적 속성 ➡ 지역사회가 주도
  ㉡ 갈등 ×, 협력을 통한 학습의 원천
	① 문화결정론적 오류
	  ➡ 합리적 기회 추구 박탈(동조 압력)
	② 배타성
	③ 측정 곤란, 형성의 불투명성, 거래의 불분명성

6. 특징

① 호혜주의
② 정치, 경제 발전의 윤리적 기반
③ 사회적 자본은 등가적으로 이루어지지 × ➡ 등가교환: 경제적 자본
④ 후쿠야마(Fukuyama): 사회적 자본 = 신뢰

행정학의 학문적 성격 - 과학성과 적실성·기술성

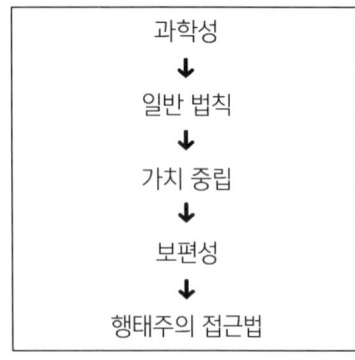
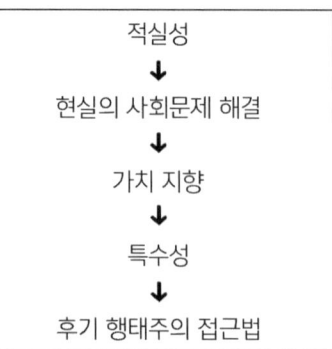

행정학의 성립과 발달 – 미국의 현대 행정학

1. **해밀턴(Hamilton)**: 적극적 정부, 효율성
2. **매디슨(Madison)**: 이익 집단 중심 다원주의
3. **제퍼슨(Jefferson)**: 소박한 정부, 자유주의
4. **잭슨(Jackson)**: 엽관주의

과학적 관리론 vs 인간관계론

구분	과학적 관리론 = 고전조직	인간관계론 = 신고전조직
주요 이론	테일러(Taylor) "시간, 동작 연구"	호손(Hawthorne) 실험
교환 매개체	경제적 요인	정서적·심리적 요인
능률(이념)	기계적 능률성	사회적 능률성
조직관	공식 조직(관료제)	비공식 조직
변수	구조	인간
목표	조직의 능률성, 생산성	
환경관	폐쇄, 환경 고려 ×	
특징	• 인간의 피동성, 수동성 • 동기 부여의 외재성, 외재적 보상 • 인간 욕구의 단일성	

행태론적 접근

Ⅰ. 과학적 관리론(1920)의 정치행정이원론 VS 행태론의 정치행정새이원론

1. 과학적 관리론(1920)

정치	행정
가치 ➜ 결정	사실 ➜ 집행

2. 행태론

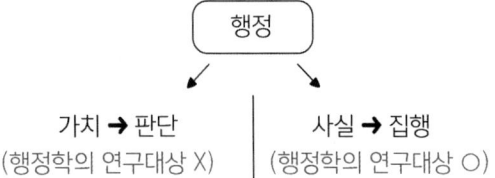

가치 ➜ 판단 　　　사실 ➜ 집행
(행정학의 연구대상 X)　(행정학의 연구대상 O)

논리실증주의: 자연과학 = 사회과학 방법론

> (TIP) 정치행정새이원론 - 행태론
> 행태론은 행정현상에 가치판단적 요소나 정책결정 기능의 존재를 인정하였으나, 과학으로서의 행정학은 가치와 사실을 구분하여 사실만을 다루어야 한다고 주장한다.

Ⅱ. 사이먼(Simon)의 행태론

특성	한계
• 원리접근법 비판 • 조작적 정의 ➜ 계량화 • 논리실증주의 • 순수과학적 연구 • 연합학문적 = 종합사회과학 • 의사결정 과정론, 사회심리학적 접근법 개발	• 가치판단 배제의 비현실성, 경험적 보수주의 • 공행정의 특수성 과소평가 • 결정론적 인간관 • 어용학설: 강자를 위한 학문 • 후진국에 적용 X

Ⅲ. 과학성 접근법 계열

1. **생태론**: 최초로 환경을 고려(후진국)

2. 체제론(선진국)

3. 비교행정론(후진국 - 개도국 - 선진국)

➜ ┌ 개방, 환경의 독립변수성 O
　　└ 모두 행정의 독립변수성 인정 X

생태론과 비교행정론

Ⅰ. 의의

환경을 최초로 고려한 행정의 종속변수성 고려

Ⅱ. 리그스(F. W. Riggs)의 사회삼원론

융합 사회	프리즘 사회	분화 사회
• 후진국 • 안방모델 • 공사 융합(미구분)	• 개발 도상국 • 사랑방 모델 • 공사 혼합	• 선진국 • 사무실 모델 • 공사 분화(구분) ─ 세속주의 　　　　　　　　　─ 다원주의 　　　　　　　　　─ 상대주의 　　　　　　　　　─ 전문주의

Ⅲ. 공헌

행정의 정치·경제·사회적 조건 규명(환경 개방)

Ⅳ. 한계

1. 생태론적 결정론

2. 행정의 방향, 목표, 가치 제시 부족

3. 변화와 발전 설명 ×

→ 행정의 독립변수성 인정 ×

체제론적 접근

1. 폐쇄체제 ➡ 정태적 균형 ➡ <u>엔트로피 발생</u> ➡ 소멸
2. 개방체제 ➡ 동태적 균형 ➡ <u>부(−)의 엔트로피</u> ➡ 존속

I. 체제

상호작용하는 살아있는 유기체, 전체로서의 실체 ➡ 총체주의, 거시이론

II. 파슨스(T. Parsons) 체제의 기능 - AGIL

1. <u>A(적응)</u> ➡ 경제조직
2. <u>G(목표)</u> ➡ 정치, 행정
3. <u>I(통합)</u> ➡ 사법
4. <u>L(체제 유지)</u> ➡ 교육, 문화

III. 특징

1. 연합학문적 관점
2. 총체주의
3. 목적론적
4. 계서적(= 계층적)
5. 추상적, 관념적
6. 시간의 관점 중시

IV. 한계

1. 행정의 독립변수성 인정 ✕
2. 안정, 보수, 균형 ➡ 변화, 발전 설명 ✕

3. 인적 요소 과소 평가
4. 전환 과정 설명 부족
5. 후진국에 적용 곤란

발전행정론

Ⅰ. 특징

1. 정치행정일원론(행정 우위) ➜ 행정의 독립변수성 ○
2. **이념**: 효과성(목표달성도)
3. **목표**: 엘리트 관료가 결정
4. 불균형 성장 전략

Ⅱ. 한계

1. 권력의 집중, 행정의 비대화
2. 투입기능 경시

후기행태론 – 신행정론

Ⅰ. 신행정론(정치·행정일원론)

1. 특징

① 사회적 형평성
② 가치 지향
③ 적실성 & 실천
④ 고객지향 ➜ 참여(분권)
⑤ 탈관료제
⑥ 능동적 행정(행정의 독립변수성 ○)
⑦ 정책, 문제 지향
⑧ 실증주의 비판

2. 왈도(D. Waldo)

1968년 미네브룩 회의에서 신행정학 주도

Ⅱ. 현상학

행태론(실증주의)	현상학
• 자연과학 = 사회과학방법론(物 = 人) • 물화 → 인간 소외 • 결정론적 인간 = 수동적 • 고립적, 원자적 ↓ • 행정인의 소극적 역할 • 행정의 독립변수 역할을 인정하지 않음	• 자연과학 ≠ 사회과학방법론(物 ≠ 人 = 人) ┌ 탈물화 → 인간소외 극복 → ┌ 행정인의 적극적 역할 └ 자발, 임의적 인간 = 능동, 적극 └ 행정의 독립변수성 강조 • 사회적 관계
	의도 이해 → 현상학에서 조직 내외의 인간들은 자신 또는 다른 사람의 행위에 의미를 부여함으로써 조직을 설계함

공공선택이론

Ⅰ. 개념

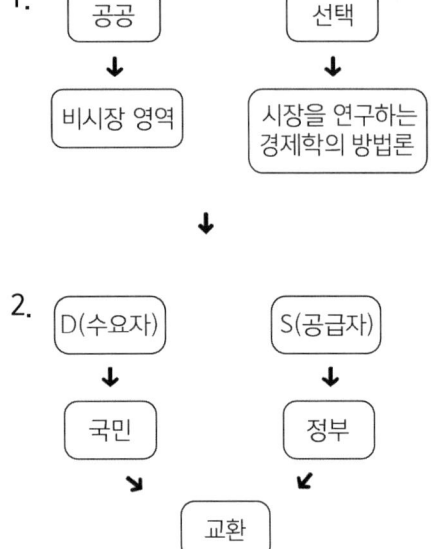

① 비시장에서 시장을 연구하는 경제학 방법론 도입: 교환으로서의 정치
② 공급자: 정부, 수요자: 국민
③ 정부실패 극복 위해 출현

Ⅱ. 방법론상 특징

1. 방법론상 개체주의
2. **인간관**: 이기적·합리적 경제인
3. 연역

Ⅲ. 뷰캐넌(Buchanan), 털록(Tullock)의 집합적 결정

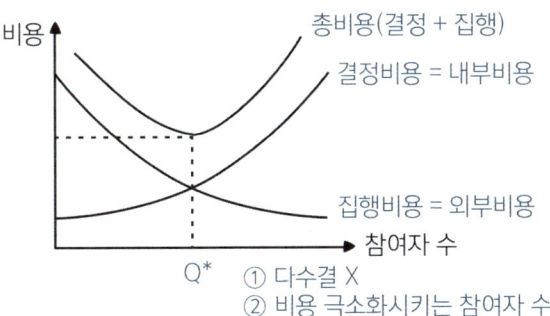

Q* ① 다수결 X
② 비용 극소화시키는 참여자 수

Ⅳ. 오스트롬(Ostrom), 민주행정 패러다임

윌슨 – 베버(Wilson – Weber)	오스트롬(Ostrom)
• 독점 • 집권	• 다조직 • 다중심 • 관할권 ┌ 중첩 ○ └ 분리 ×

Ⅴ. 중위투표자 정리: 이기적이고 합리적인 정치인

두 정당은 집권에 필요한 과반수의 득표를 얻기 위해 극단적인 선호 회피, 중위투표자(중간 선호자) 선호에 맞춘 정강 정책 제시
→ 양대 정당의 정강 정책은 거의 일치

VI. 니스카넨(Niskanen)의 예산극대화 모형: 이기적이고 합리적인 관료

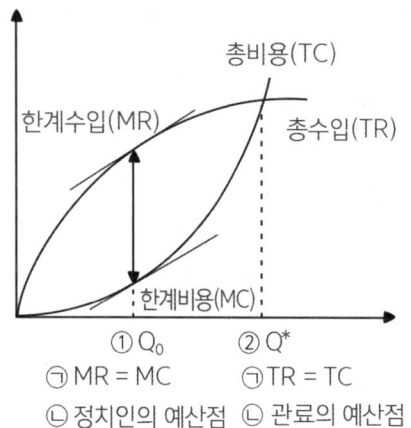

① Q_0
  ㉠ MR = MC
  ㉡ 정치인의 예산점

② Q^*
  ㉠ TR = TC
  ㉡ 관료의 예산점

VII. 던리비(Dunleavy), 관청형성 모형: 이기적이고 합리적인 관료

1. **업무 성격**: 기획, 조정 등 참모 업무(집행보다 참모 선호)

2. **업무 환경**: 고객과 대면 ×, 소수의 엘리트로 구성되는 업무

→ 선호하는 업무만 하고 선호하지 않는 업무는 외부로 넘긴다.

3. **관청형성모형의 예산의 유형**

예산의 유형	기관의 유형	예산극대화 동기
핵심예산 (기관 자체의 운영비)	전달기관 (고전적 조직)	• 하위·중위관료들은 주로 핵심예산(부처운영비)의 증대로부터 이득을 얻게 됨 • 운영비 예산이 많아질 경우, 하위·중위관료들은 직업적 안정성(신분보장)이 보장되고, 직위의 수가 증가함에 따라 승진 기회가 확대되기 때문임
관청예산 (핵심예산 + 해당 기관이 민간 부문에 지불하는 지출액)	이전기관	• 고위관료들은 핵심예산을 제외한 관청예산(민간 기업 등에 지불하는 보조금 등)의 증대로부터 이득을 얻게 됨 • 민간부문에 지불하는 보조금이 증대할 경우, 부서의 위신이 상승하게 되고 고객과의 관계 등에서 우위를 점할 수 있기 때문임
사업예산 (관청예산 + 해당 기관이 다른 공공기관에 이전하는 지출액)	통제기관	예산극대화 동기가 발생하지 않음
초사업예산 (사업예산 + 영향력을 미칠 수 있는 타기관 예산)	-	-

신제도론

구제도론	행태론	신제도론
① 공식적인 법령 　↓ 　정부조직 ② 제도의 정태성 　┌ 제도의 종속변수성(○) 　└ 제도의 독립변수성(✗)	원인 → 결과 　↓ 직선적 인과관계	① 행태론의 직선적 인과관계를 비판 ② 공유하는 규범·규칙이 제도 　┌ 공식적(○) 　└ 묵시적(○) ③ 제도의 동태성 　┌ 제도의 종속변수성(○) 　└ 제도의 독립변수성(○)

Ⅰ. 신제도론의 유파

구분	합리적 선택 신제도주의	역사적 선택 신제도주의	사회적 선택 신제도주의
개념	전략적 행위 / 계산 → 이기적, 합리적	역사적 맥락, 경로의존성	상징체계
균형점 변화	전략적 행위 / 계산 변화	급격한 외부 충격	(유질)동형화
특징	① 개인의 선호 형성: 외생적 ② 접근방법 　㉠ 연역이론 　㉡ 방법론상 개체주의 ③ 내용 　㉠ 집단행동의 딜레마 극복 　㉡ 거래비용 감소	① 개인의 선호 형성: 내생적 ② 접근방법 　㉠ 귀납이론 　㉡ 방법론상 총체주의 ③ 내용 　㉠ 권력의 불균형 　㉡ 국가·정치 권력의 자율성 강조 　㉢ 역사적 우연성 강조 　㉣ 비효율적 제도의 존재 설명 　㉤ 정책의 의도하지 않는 결과의 설명	① 개인의 선호 형성: 내생적 ② 접근방법 　㉠ 귀납이론 　㉡ 방법론상 총체주의 ③ 내용: 제도의 규범적 측면보다 인지적 측면을 강조

신공공관리론

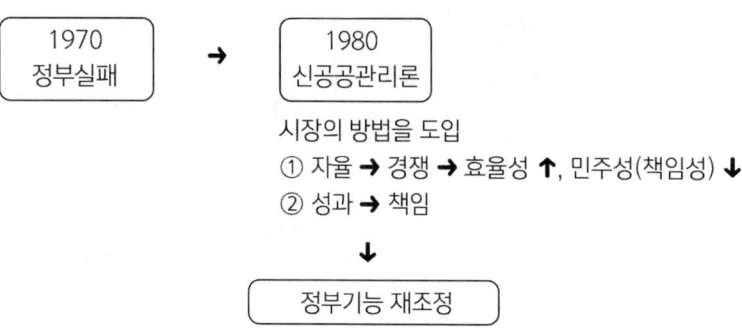

I. 특징

1. **정부실패 극복**
2. **신자유주의**: 정부 개입 반대
3. **작고 효율적인 정부**
4. **기업형 정부**

신공공관리 원칙	정부재창조	전통적 관료제		기업가적 정부
목적달성 수단의 제고	① 촉매적·촉진적 정부	노젓기(rowing), 사공	→	방향키(steering), 조타수
	② 시장지향적 정부	행정 메커니즘 (인위적 질서 체제)	→	시장 메커니즘 (자율적 질서 체제)
통제의 위치 전환	③ 분권적 정부	집권적 계층제 (명령·통제)	→	분권·참여·팀워크· 협의·network
	④ 지역사회가 주도하는 정부	서비스 직접 제공	→	권한의 부여(empowering)
성과의 향상	⑤ 성과·결과지향 정부	투입 중심 예산	→	성과·결과 중심 예산
	⑥ 경쟁적 정부	독점적 공급	→	경쟁 도입(민영화, 민간위탁)
	⑦ 기업가적 정부	지출 지향	→	수익 창출
목표의 명확화	⑧ 사명·임무 중심 정부	규칙·규정 중심 관리	→	임무·사명 중심 관리
	⑨ 고객지향 정부	관료(행정) 중심	→	고객(국민) 중심
	⑩ 미래지향적·예견적 정부	사후 치료·치유	→	예측·예견과 사전예방

Ⅱ. 기업형 정부 구현 5C 전략

1. **핵심 전략**: 목표 명확히, 방향잡기 등 핵심적 기능만
2. **결과 전략**
3. **고객 전략**
4. **통제 전략**: 통제하지 마라(상사, 상위 계층 ➡ 부하, 하위 계층)
5. **문화 전략**: 기업가적 조직 문화, 관료 ×, 경쟁 ○

Ⅲ. 한계

1. 행정의 책임성 확보의 곤란
2. 형평성 악화
3. 공행정과 사행정의 근본적 차이 무시
4. 공무원의 사기 저하
5. 소비자관의 한계(국민을 고객으로 본다)
6. 정책과 집행의 분리 문제

탈신공공관리론

Ⅰ. 개념

1. 탈신공공관리론은 신공공관리론의 역기능적 측면을 교정하고 통치 역량을 강화하며, 정치·행정체제의 통제와 조정을 개선하기 위해 재집권화와 재규제를 주창하는 것
2. 탈신공공관리론은 신공공관리론의 대체가 아니라 조정(새행정학 2.0)

Ⅱ. 특징

① 구조적 통합을 통해 분절화를 축소한다.
② 재집권화와 재규제를 주창한다.
③ 총체적 정부 또는 합체된 정부가 주도한다.
④ 역할 모호성의 제거 및 명확한 역할 관계를 안출한다.
⑤ 민간·공공부문의 파트너십을 강조한다.
⑥ 집권화 역량 및 조정을 증대한다.
⑦ 중앙의 정치·행정적 역량을 강화한다.
⑧ 환경적·역사적·문화적 요소들을 유의한다.

▌ 뉴거버넌스 = 신국정관리론

연계망: 신뢰를 기반으로 한 협력

Ⅰ. 특징

1. 파트너십 중시
2. 유기적 결합 관계 중시
3. 세력 연합, 협상, 타협 중시: 타협 조정 ➜ 정치성, 민주성

Ⅱ. 피터스(G. Peters), 거버넌스 모형

구분	시장적 정부모형	참여적 정부모형	신축적 정부모형	탈내부규제 정부모형
문제의식	독점	계층제	영속성	내부 규제
조직개혁	경쟁 ➜ 분권화	평면조직	가상조직	-
관리개혁	성과급	• TQM • 팀제	• 가변적 인사관리 • 임시(가상)조직	재량권 확대, 자율
정책결정의 개혁방안	내부 시장	협의, 협상	실험	기업가적 정부
공익의 기준	저비용 고효율	참여, 협의	저비용, 조정	창의성, 활동주의

신공공관리론 vs 뉴거버넌스

Ⅰ. 공통점

1. 정부실패 극복
2. **정부 역할**: Steering
3. 공공부문과 민간부문의 구별 상대화(구별 모호)
4. ┌ 산출 통제 ○
   └ 투입 통제 ×

Ⅱ. 차이점

구분	1980 신공공관리론	1990 뉴거버넌스론
인식론적 기초	신자유주의	공동체주의
관리기구(공급)	시장주의	연계망
관리가치	결과	과정
관료역할	공공기업가	조정자 ➔ 관료역할 ≠ 정부역할
서비스	민영화	공동생산
관리방식	고객지향	임무 중심
분석수준	조직 내	조직 간

포스트 모더니티

모더니티	포스트 모더니티
• 서구의 합리주의 신봉 • 소품종 대량생산 • 객관주의(획일) ↓ • 대의 민주정치 • 관료제	• 서구의 합리주의 배격 • 다품종 소량생산 • 구성주의, 상대주의, 다원주의, 해방주의 ↓ • 직접 민주주의 • 탈관료제

Ⅰ. 파머(Farmer)의 반관료제

1. **상상** ─ 규칙에 얽매이지 ×
   └ 문제의 특수성 ○

2. **해체**: 비판적·성찰적 태도, 텍스트의 근거를 파헤쳐봄

3. **영역 해체**: 학문 영역 경계 파괴

4. **타자성(참여의 논거)** ─ 인식적 개체 ×
   └ 도덕적 타자 ○(상대방 의견 존중)

   → 도덕적 타자의 개념

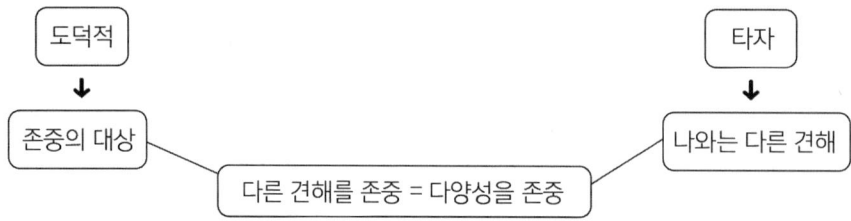

신공공서비스론

Ⅰ. 7대 원칙

1. 고객이 아닌 시민에 대해 봉사하라.
2. 공익을 찾으려고 노력하라.
3. 기업주의 정신보다는 시민 의식의 가치를 받아들여라.
4. 전략적으로 사고하고 민주적으로 행동하라.
5. 책임성이란 것이 단순한 것이 아니라는 점을 인식하라.
6. 방향잡기보다는 봉사하기를 하라.
7. 단순히 생산성이 아니라 사람의 가치를 받아들여라.

Ⅱ. 신공공관리론과 신공공서비스론의 비교

구분	신공공관리론	신공공서비스론
이론 및 인식론적 토대	신고전학파 경제이론	민주주의 이론, 실증주의, 해석학, 비판이론, 포스트 모더니즘 등 복합적
공익의 개념	개인 이익의 총합	공유가치에 대한 담론의 결과
공무원의 반응 대상	고객	시민
정부의 역할	• 방향잡기 • 시장의 힘을 활용한 촉매자	• 봉사 • 공유된 가치 창출 위한 시민, 지역공동체 집단들과 이익을 협상하고 중재
정책목표 달성 기제	민간기관 및 비영리기구 활용해 정책목표를 달성한 기제와 유인체계의 창출	상호 합의한 필요를 충족시키기 위한 공공기관, 비영리 및 민간기관 연합
책임성 확보 방법	• 시장 지향적 • 사익의 총합은 시민에게 바람직한 결과 창출	• 다면적 • 법, 공동체, 정치규범, 전문성, 시민 이익 존중
행정재량	기업가적 목표 달성을 위해 폭넓은 재량 허용	재량이 필요하지만 제약과 책임 수반
기대하는 조직구조	조직 내 주요 통제권이 유보된 분권화된 조직	리더십을 공유하는 협동적 조직구조
공무원 동기 유발 수단	• 기업가정신 • 정부 규모를 축소하고자 하는 이데올로기적 욕구	• 사회 봉사 • 사회에 기여하려는 욕구

해커스행정사
adm.Hackers.com

제2편

정책학

제2편 정책학

정책학

I. 학문적 특성

1. 드로(Y. Dror) ┬ 묵시적 지식(직관, 영감, 통찰력 등)
                └ 거시적 분석

2. 라스웰(Lasswell): 정책과정 관련 지식
   ┬ 정책과정에 관한 지식: 실증적·경험적 지식
   ├ 정책과정에 필요한 지식: 규범적·처방적 지식
   └ 맥락성, 문제지향성, 연합학문, 규범성과 처방성

II. 정책의 유형

1. 로위(Lowi)의 분류

강제력의 행사방법 \ 강제력의 적용영역	개별적 행위	행위의 환경
간접적	배분정책	구성정책
직접적	규제정책	재분배정책

2. 정책의 독립변수성 강조

순서: 배분 ➡ 경쟁적 규제 ➡ 보호적 규제 ➡ 재분배(재분배가 저항이 가장 큼)

3. 엘리트론과 다원론 통합(로위, Lowi)

① 규제정책: 정부규제로 인해 이익을 보는 집단과 손해를 보는 집단 간의 갈등과 타협을 통해 정책이 결정되기 때문에 다원론적 정치가 나타난다.
② 재분배정책: 가진 자와 가지지 못한 자 사이의 정책갈등과 조정이 동일 집단의 엘리트집단에 의해 집권적으로 이루어진다.

4. 정책유형별 정치·경제학적 특징

① 분배(= 배분): 포크배럴과 로그롤링
② 재분배: 계급투쟁과 이념투쟁

5. 정책유형별 예

① 배분과 재분배

배분정책	재분배정책
• SOC 건설 • 보조금 지급 • 국공립 교육서비스 • 신공항건설	• 누진세 • 임대주택 건설 • 근로장려금

② 추출정책: 징세, 징집, 토지수용
③ 상징정책: 축제, 동상, 광복절 행사
④ 구성정책
  ㉠ 정부조직 신설, 폐지, 통합
  ㉡ 선거구 조정
  ㉢ 공무원 보수, 연금 개혁
⑤ 규제정책
  ㉠ 식품 및 의약품 허가
  ㉡ 독과점 규제

정책결정의 참여자

공식적 참여자 – 구성원: 공무원	비공식적 참여자 – 구성원: 공무원 ×
① 입법부(의회) ② 대통령 ③ 행정부처 ④ 사법부: 공식적인 정책 결정 기능 ○	① 정당 ② 이익집단 ③ NGO ④ 시민 ⑤ 전문가 집단(정책공동체): 관료 + 민간 ⑥ 언론

정책네트워크(정책망) 모형

Ⅰ. 특징

- 사회학, 문화인류학 개념
- 국가와 사회 이분법 극복
- 동태성, 복잡성

1. 하위정부모형(미국)

① 의회의 해당 상임 위원회 + 관료 + 이익집단 = 철의 삼각
② 최고 결정권자와 국민의 관심도가 낮은 분야: 배분정책

2. 정책공동체모형(영국)

① 조직 내외 전문가 집단(KDI, KEDI)
② 이해관계인은 참여하지 못함
③ 정당과 의회 중심의 미국식 논의 한계 극복

3. 이슈네트워크 = 정책문제망(미국)

① 이슈만 제기
② 하위정부모형 비판: 이익집단 수 급증, 환경 급변
③ 일시적, 개방적, 불안정

Ⅱ. 이슈공동체와 정책공동체 비교

내용	정책공동체	이슈네트워크
참여자	정부영역과 민간영역의 전문가 집단	다수의 개인 및 관련집단 참여
외부참여	비교적 제한적	제한 없음
참여자들 간의 관계	• 공동체 내의 문제해결에는 동의 • 그 방안에 대해서는 갈등	• 쟁점만 공유 • 서로 알고 있다는 가정 ×
경계	완화	• 경계 불분명 • 자유로운 진입과 퇴장
지속성	보통	낮음, 유동적
행위자 간의 관계	의존적, 협력적	경쟁적, 갈등적

정책과정

Ⅰ. 정책의제 설정과정

1. 사회문제

2. 사회적 이슈

3. 체제 의제 = 공중 의제 ➜ 정부채택 전

일반 대중이 정부가 문제해결을 하는 것이 정당하다고 인정하는 사회문제

4. 제도 의제 = 정부, 공식, 행동의제 ➜ 정부채택 후

정부의 공식적인 의사결정에 의하여 그 해결을 위해서 심각하게 고려하기로 명백히 밝힌 문제

Ⅱ. 정책의제설정 모형

외부주도형	동원형	내부접근형
사회문제 ↓ 공중의제 ↓ 정부의제	사회문제 ↓ 정부의제 ↓ 공중의제	사회문제 ↓ 정부의제 ↓ [(×) 국민에게 알리지 않음] 공중의제
• 투쟁 ➜ 타협, 조정 • 강요된 의제 • 선진, 민주, 다원화 사회 • 후진국 ×, 권위주의 ×	• 최고결정권자 ➜ 채택된 의제 • 주로 후진국, 권위주의 / 선진국	• 내부고위인사, 외부특정인사(부패) • 주로 후진국 / 선진국

메이(P. J. May)의 의제설정모형

논쟁의 주도자 \ 대중의 지지	높음	낮음
사회적 행위자	외부 주도형	내부 접근형
국가	굳히기형(= 공고화형)	동원형

정책의제설정 이론모형

Ⅰ. 의제 채택에 대한 견해

1. 사이먼(H. A. Simon), 의사결정론: 정책 결정자 능력의 한계

2. 이스턴(D. Easton), 체계이론: 체제능력의 한계

→ 일부 문제만 정책 의제로 채택된다.

Ⅱ. 엘리트론과 다원론('Who governs?'의 논쟁)

- 공통점: 형식상 소수지배
- 차이점
  ① 엘리트이론: 실질적 소수지배 → 정책과정에는 소수 엘리트의 이익만 반영
  ② 다원론: 실질적 다수지배 → 정책과정에는 다수 국민의 이익 반영

1. 고전적 엘리트이론

미헬스(Michels), 과두제 철칙
① 관료제 병폐를 최초로 지적
② 목표의 전환

2. 초기 엘리트론(미국)

① 헌터(F. Hunter), 명성, 지역사회
② 밀스(C. W. Mills), 지위, 국가 전체

3. 초기 다원론(고전적 다원론)

① 잠재이익집단론
② 중복회원이론

> **Plus 보충** 잠재이익집단론과 대비되는 개념
> 1. 이익집단 자유주의: 조직화된 집단의 이익만 반영
> 2. 공공이익집단론: 공익에 가까운 주장을 하는 이익집단의 이익 반영

4. 달(R. Dahl)의 다원론(다원론의 종합): 엘리트 간의 경쟁

모든 사회문제는 정치 체제로 침투될 수 있다(가능성의 문제). → 기대 반응의 법칙

5. 신엘리트이론

① 무의사결정론: 엘리트의 이익과 맞는 것만 채택(의도적 권력행사)
② two faces of power(권력의 두 얼굴)
③ 특징
  ㉠ 잠재적인 도전 억압
  ㉡ 주로 의제채택과정에서 나타나지만, 결정·집행·평가 등 정책과정 전반에 걸쳐 나타남
  ㉢ 무관심이 아니라 의도적 권력 행사
④ 사용수단
  ㉠ 폭력
  ㉡ 권력: 위협, 유혹
  ㉢ 편견의 동원: 기존의 지배적 규범, 제도적 과정 강조
  ㉣ 편견의 수정, 강화: 규칙·절차를 수정, 보완

6. 신다원론

① 자본주의 국가에서는 기업 집단에 특권을 부여할 수밖에 없다.
② 정부가 중립적 조정자가 아닐 수도 있다.
→ 특수이익집단의 우월적 존재 가능성(특수이익집단: 기업)

7. 기타 - 조합주의 이론

① 국가조합주의: 후진국, 국가주도의 이익대표체제
② 사회조합주의: 선진국, 자발성

Plus 보충 국가조합주의의 특징

1. 이익집단의 자율성 제약, 국가의 통제
2. 이익집단: 단일적·강제적·비경쟁적 조직
3. 정부: 능동적·독자적 실체

Ⅲ. 국가중심접근법과 사회중심접근법

1. **국가중심접근법**: 베버, 신베버, 조합주의 → 정부영역이 적극적·능동적 역할
2. **사회중심접근법**: 다원론, 마르크스이론 → 정부영역이 소극적·수동적 역할

Ⅳ. 다원론과 엘리트론의 정책과정의 특징

다원론	엘리트론
① <u>다원론에서 정책과정의 주도자는 경쟁하는 이익집단들이다.</u> ② 정부는 갈등적 이익을 조정하는 중개인 혹은 게임규칙의 준수를 독려하는 심판자의 역할을 수행한다고 본다. ③ 각종 이익집단들은 정부의 정책과정에 동등한 접근 기회를 가지고 있다. ④ 이익집단 간에는 영향력의 차이는 있으나 게임의 규칙을 준수하므로 사회 전체적으로는 권력의 균형을 유지한다.	① 정책은 엘리트의 이해가 반영된다. ② 엘리트와 대중의 정치권력 간의 불평등으로 인하여 대중의 참여는 엘리트의 필요에 의한 형식적·제한적 참여만이 이루어진다. ③ 무의사결정으로 인해 정책대안은 한정된다.

Ⅴ. 정책의제 설정에 영향을 미치는 요인

문제의 중요성 (사회적 유의성, 기간의 적실성)	• 사회문제가 중대하고 심각한 경우(피해자가 많고, 피해의 강도가 큰 경우) 정책의제화가 쉽게 이루어짐 • 문제가 장기적으로 지속될 것으로 예상되는 경우 의제화가 용이하나, 해결책이 없으면 정부의제로 채택될 가능성은 떨어짐
문제의 외형적 특징 (기술의 복잡성, 구체성)	• 문제가 단순화하여 쉽게 이해되고, 문제가 구체적일수록 쉽게 정책의제화됨 • 반대견해: 문제가 구체적일수록 비용부담집단의 조기 가시화로 저항이 이루어지기 때문에 의제화가 어려움
문제의 내용상 특징 (배분·규제·재분배 정책)	• 배분정책: 재화나 서비스를 향유할 집단들은 의제채택에 적극적이므로 쉽게 의제화됨 • 규제정책: 비용을 부담할 집단이 특정화되어 있으므로 이들의 반대(저항)가 큰 경우에는 의제채택이 어렵게 됨 • 재분배정책: 소득계층 간 갈등을 유발하므로 정치적 분위기의 변화와 전국적 차원의 지지가 요구됨
선례와 유행성	과거에 비슷한 선례가 있거나, 일종의 유행처럼 되어 있는 문제는 의제화가 용이함
쟁점화의 정도	관련 집단 간에 첨예하게 쟁점화된 문제일수록 의제채택이 용이함
극적사건과 위기	문제를 극적으로 부각시키는 사건·위기·재난 등은 정치적 사건과 더불어 문제를 정책의제화시키는 양대 점화장치

분석의 3차원

관리과학	⊂	체제분석	⊂	정책분석
—		• B/C • 경제적 합리성 • 양적 분석	→	• 사회적 배분 고려 • 주관적 가치 판단: 질적 분석 • 투쟁 → 타협, 조정: 정치적 합리성 • 사회적 형평성 고려

Ⅰ. 관리과학

1. **PERT & CPM**: 비반복적, 비일상적, 대규모 사업 → 최단경로 분석

2. **선형계획**: 주어진 제약 조건에서 편익 극대화 또는 비용 최소화

3. **게임이론**: 불확실한 상황에서 상충(경쟁)될 때

4. **대기행렬 이론**: 서비스를 원활하게 하기 위한 최적의 서비스 시설규모를 결정하기 위한 이론
   → 대기비용 최소화

5. **회귀분석**: 독립변수(원인) 변화에 따른 종속변수(결과)의 변화량

6. **모의실험**: 단점 - 실험결과 ≠ 실제결과   예 민방위

7. **계층화분석법**: 상대비교를 통한 우선순위 결정

   TIP A
        a, b, c, d, e
        쌍쌍비교 → 우선순위

Plus 보충 계층분석: 원인 찾기

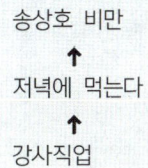

송상호 비만
↑
저녁에 먹는다
↑
강사직업

Ⅱ. 체제분석

= 비용편익분석, 공공사업의 경제적 타당성 알기 위한 방법

1. B/C
① 편익
　㉠ 미래에 발생할 편익을 현재화된 화폐가치로
　㉡ 소비자 잉여 측정
② 비용
　㉠ 미래에 발생할 비용을 현재화된 화폐가치로
　㉡ 기회비용으로 측정

2. 할인율: 미래가치와 현재가치 교환
① 시장할인율(민간할인율) = 이자율
② 사회적 할인율 ➡ 공공정책
③ 사회적 할인율은 민간할인율보다 낮을수록 타당하다.
④ 할인율이 낮을수록 현재가치가 크다. ➡ 장기투자

3. 평가기준
① NPV(= B − C): 대규모 사업, 자원의 여유
② B/C: 소규모 사업, 자원의 여유 ✕
③ IRR(내부수익률)
　㉠ 객관적 할인율 모를 때(불확실성 ↑)
　㉡ B = C, NPV = 0, B/C = 1
　㉢ IRR은 클수록 타당: IRR은 시장 이자율보다는 높아야 타당하다.

4. 효용 & 한계
① 효용
　㉠ 단일 척도인 화폐가치로 비교 ➡ 이질적이고 다양한 정책이나 사업 간의 우선순위 비교 가능
　㉡ 주관적 가치 판단 ✕ ➡ 과학적, 객관적
② 한계
　㉠ 형평성이나 주관적 가치문제를 고려 못한다.
　㉡ 비용과 편익의 가치에 대한 개인 간 비교가 곤란 ➡ 사회적 형평성 고려 ✕

5. 비용 효과 분석

구분	비용 편익 분석(CBA)	비용 효과 분석(CEA)
표현 방식	B, C → 금전적 가치	• ┌ E → 비금전적 가치 　└ C → 금전적 가치 • 공공재나 준공공재 영역에 더 적합

▌정책 결정 과정

1. **문제 정의**: 문제의 원인을 찾는 것
    → 3종 오류(근본적 오류, 수단적 기획관 한계 극복)
2. 목표설정
3. 정책 대안 탐색, 개발
4. 대안 결과 예측
    → 1, 2종 오류
5. 비교, 평가
6. 선택

Ⅰ. 정책분석 오류의 유형

1. 제3종 오류(메타오류, 근본적 오류) – 정책문제 구성상의 오류

① 정책문제의 정의나 목표설정을 잘못하여 대안을 잘못 선택하는 오류
② 수단적 기획관의 한계를 극복하기 위해 대두됨

2. 제1종 오류 및 제2종 오류 – 정책대안식별상의 오류

① 제1종 오류: 정책의 대안이 효과가 실제로 없는데, 있다고 잘못 평가하여 잘못된 대안을 채택하는 오류
② 제2종 오류: 어떤 대안이 실제로는 효과가 있는데도, 없다고 잘못 평가하여 올바른 대안을 기각하는 오류

Ⅱ. 정책 문제의 특징

1. 정치성 = 타협, 조정
2. 주관성 = 인공성
3. 동태성
4. 역사성
5. 공공성

Ⅲ. 정책 문제의 구조화

1. **경계분석**: 문제의 존속기간, 형성과정 등을 통해 문제의 위치나 범위를 찾아내는 것

2. **계층분석**: 가깝고도 먼 원인을 찾는 것

3. **유추분석**

① 인적(개인적) 유추: 분석가가 스스로 경험하고 있는 것으로 상상(예 만원버스 타보기)
② 직접적 유추: 둘 이상의 문제 사이의 유사관계 탐색(예 약물중독 - 전염병)
③ 상징적 유추: 모형, 시뮬레이션(예 자동온도조절장치)
④ 환상적(가상적) 유추: 자유롭게 상상(예 가상적인 핵공격)

4. **가정분석**: 가정들을 창조적으로 통합

5. **분류분석**: 구성 요소별로 나누어 분류

▌정책목표의 변동

1. **목표의 전환(대치)**: 목표와 수단의 우선순위가 바뀜

① 동조과잉
② 과두제 철칙

2. **목표의 승계**: 새로운 목표 재설정

3. **목표의 다원화**: 목표 추가

4. **목표의 확대**: 상향 조정

5. **목표의 비중 변동**: 우선순위 변경

불확실성 극복 위한 미래예측 유형

Ⅰ. 정책대안의 결과예측 접근방법

접근방법	근거	기법	결과적 산출물
추세연장법	• 경향분석 • 귀납적 추론	• 전통적 시계열 분석 • 최소자승경향추정 • 지수가중법 • 자료전환, 재난법	투사 (projection)
이론적 예측	• 이론, 모형 • 연역적 추론	• 이론지도 • 경로분석 • 투입 – 산출분석 • 선형계획, 회귀분석 • 상관분석	예견 (prediction)
직관적·주관적 예측	주관적 판단	• 전통적 델파이 • 정책델파이, 명목집단법 • 교차영향분석 • 실현가능성 평가기법	추측 (conjecture)

Ⅱ. 직관적(판단적) 예측

1. 브레인 스토밍

① 자유로운 분위기에서 아이디어 도출 ➜ 비판 금지
② 무임승차(편승기법) 허용 ➜ 아이디어 질 ×, 양 ○

2. 델파이 기법과 정책 델파이

구분	델파이	정책 델파이
응답자	전문가	전문가 + 이해관계
익명성·격리성	철저히 보장	선택적 익명성·격리성
갈등	갈등 조성 ×	의도적 갈등 조성
대표 값	평균값	극단적인 값

3. 교차영향 분석: 연관된 다른 사건의 발생 유무 ➜ 미래의 어떤 사건의 발생 확률 판단

4. 실현가능성 분석: 정치적 실현가능성 중시

5. 명목집단기법

① 서면으로 제출(또는 컴퓨터를 통해 제출)
② 판서
③ 토론 ┌ 충분한 토론(×)
      └ 제한된 토론(○)
④ 표결 ┌ 합의(×)
      └ 표결(○)

6. 지명반론자 기법

작위적으로 특정 조직원들 또는 집단을 반론을 제기하는 집단으로 지정해 반론자 역할을 부여하고, 이들이 제기하는 반론과 이에 대한 제안자의 옹호 과정을 통해 의사결정을 유도하는 기법

불확실성 대처방안

Ⅰ. 적극적 대처방안

불확실 ➡ 확실

1. 정보의 획득
2. 타협, 조정

Ⅱ. 소극적 대처방안

불확실 ➡ 불확실

1. 악조건 가중분석(비교) ┌ 최선의 대안 - 최악 상황
                    └ 다른 대안 - 최선의 상황
2. 분기점 분석: 악조건 가중분석의 결과, 대안의 우선순위가 달라진 경우
3. 보수적 결정: 모든 대안의 최악 상황 비교
4. 민감도 분석: 정책대안의 결과들이 모형상의 파라미터 변화에 얼마나 민감한지를 파악하는 방법
5. 상황의존도 분석

정책결정 이론모형

1. 합리모형

① 전제조건
    ㉠ 자원의 풍부 ➔ <u>모든 대안 탐색</u>
    ㉡ 절대적 합리성
② 주요 특징
    ㉠ 목표 – 수단 분석
    ㉡ 계획적·단발적 의사결정
    ㉢ 절대적·경제적 합리성 추구
    ㉣ 전체의 최적화
    ㉤ 연역이론

2. 점증모형

① 기존의 정책
② 분석의 대폭적 제한
③ 계속적 결정
④ 참여집단의 합의 중시
⑤ 부분적·분산적 결정
⑥ 정치적 합리성 추구

3. 혼합주사 모형: 능동적 사회

① 에치오니(Etzioni)
② ┌ 합리모형: 근본적·기본적 결정
   └ 점증모형: 세부적·지엽적 결정

4. 드로(Dror)의 최적모형

① 초정책결정단계: 정책결정단계를 결정하는 단계
    ㉠ 언제? 자원의 여유 ✕, 불확실
    ㉡ 질적, 판단, 영감, 육감(묵시적 지식) ┌ 초합리성
                                                  └ 질적
② 정책결정단계: B/C(경제적 합리성) ➔ 양적
③ 후정책결정단계: 집행, 평가
④ 특성
    ㉠ 양적, 질적 동시 고려
    ㉡ 커뮤니케이션 강조
⑤ 한계: 초합리성 ➔ 신비주의 전략 우려

5. 쓰레기통 모형

① 전제조건: 조직화된 무질서
  ㉠ 문제성 있는(불분명한) 선호
  ㉡ 불명확한 기술(인과모형)
  ㉢ 수시적(일시적) 참여자

② 의사결정에 필요한 4가지 요소
  ㉠ 문제
  ㉡ 해결책
  ㉢ 참여자   우연히 일치 + 정권교체(우연히 일치에 초점)
  ㉣ 선택기회
 ➡ 4가지 요소가 독자적으로 흘러다니다가 우연히 일치

> **Plus 보충**   창모형 - 3가지 요소
>
> 1. 문제
> 2. 정책
> 3. 정치
> ➡ 우연히 일치, 정책 채택
> 3가지 흐름이 독자적으로 흘러다니다가 우연히 일치
> ➡ 정책의 창이 열리고 닫히는 데 정치의 흐름이 가장 큰 영향을 미치며, 정치의 흐름 중에서도 정권교체에 의한 경우가 가장 많음

6. 사이버네틱스 모형(특정 변수를 '유지'하는 데 초점을 둠)

① 적응적·습관적 결정
② 도구적 학습(시행착오)
③ 집단적 결정
④ 불확실 ➡ 불확실성의 통제(불확실성을 문제삼지 않는다)

7. 만족모형

① 정의

- 사이먼(Simon) 제한된 합리성
- 버나드(Barnard) 협력이론
  - 경제인 ×   최적화 ×
  - 행정인 ○   만족화 ○
- 보수(행태론)
- 순차적 관심, 단계적 검토 ➔ 현실적 만족
  - 모든 대안(×)   순차적 검토(○)
  - 몇 개의 대안(○)   병렬적 검토(×)

② 한계
   ㉠ 개인적·심리적 차원 ➔ 주관적
   ㉡ 개인적 차원에 치중, 조직적 차원 설명 ×

8. 앨리슨(Allison) 모형

하나의 모형이 전체를 설명하지 ×, 3가지 모형이 다 적용됨

구분	Ⅰ 합리모형	Ⅱ 조직모형	Ⅲ 관료정치모형
조직관	조정과 통제가 잘된 유기체적 조직	느슨하게 연결된 하위조직들의 연합체	독립적인 개개인 행위자들의 집합체
정책결정 원리	• 최고지도자 ➔ 명령, 통제 • 동시적, 분석적	• SOP에 의한 대안 추출 • SOP: 관례적·습관적·경험적 업무처리절차 ➔ 하부조직의 이익에 충실	• 정치적 게임에 의한 협상, 흥정, 타협 • 표결이 아님
적용 계층	모든 계층	하위 계층	상위 계층

9. 회사모형 - 특징

① 갈등의 준해결
② 다른 하부조직의 목표를 제약조건으로 전제
③ 문제 발생 후 대안 탐색
④ 불확실성 ➔ 회피 ○
⑤ 조직의 학습 ➔ 표준운영절차(SOP)

정책집행이론

하향적 집행론 = 정형적 = 정방향적	상향적 집행론 = 적응적 = 후방향적
① 정치행정이원론 ② 집행조직: 관료제(집권) ③ 환경 안정	① 정치행정일원론 ② 집행조직: 탈관료제(분권) ③ 환경 급변

입법국가 (결정 → 집행)　행정국가 (일선관료제, 결정·집행 → 결정)

통합모형

Ⅰ. 통합모형

사바티어(Sabatier) 정책지지연합모형

1. 정책하위체제 안에 신념 체계를 공유하는 정책지지연합이 있는데, 이들이 경쟁하는 과정에서 정책변동이 발생함

2. 상향적 접근방법 측면에서의 정책하위시스템의 지지연합 간의 갈등 및 타협과정과, 하향적 측면에서의 정책하위시스템 참여자들의 활동에 영향을 미치는 요소들을 결합하여 정책은 '정책결정 → 집행 → 재결정 → 재집행'이라는 정책변동차원에서 정책집행을 이해하고자 하였음

3. 정책지지연합모형은 기본적으로 상향식 접근법을 기본으로 하고 하향식 접근법을 가미한 것임

4. 정책지지연합모형은 정책집행을 기본적으로 정책하위체계에 중점을 두고 정책(집행)을 변화와 학습 과정으로 이해함

Ⅱ. 나카무라 & 스몰우드(Nakamura & Smallwood)

구분	결정자	집행자	평가기준
고전적 기술자	추, 구, 행	기	효과성
지시적 위임가	추, 구	행, 기	능률성
협상자	목표, 수단 ➡ 협상		주민의 만족도
재량적 실험가	추	구, 행, 기	국민요구에 대응성
관료적 기업가	-	추, 구, 행, 기	체제유지도

Plus 보충 목표와 수단

- 목표: 추상, 구체
- 수단: 행정, 기술

1. 고전적 기술관료형

① 정책결정자는 목표를 구체적으로 설정(추상적 포함)
② 계층적인 지휘체계(관료제)
③ 집행자는 기술적 능력

2. 지시적 위임가형

① 정책결정자가 행정적 수단을 집행자에게 위임(기술적 포함)
② 집행결정자는 명백한 목표 설정
③ 집행자는 기술적·행정적·협상적 능력

3. 협상자형

집행자는 정책 목표와 수단에 대해 결정자와 협상

4. 재량적 실험가형

① 정책결정자가 구체적 목표 제시 ✕
② 집행자는 광범위한 재량권

5. 관료적 기업가형

① 정책집행자가 정책 목표 설정
② 정책집행자가 수단들을 결정자와 협상을 통해서 확보
③ 정책집행자가 자신들의 정책 목표

Ⅲ. 립스키(Lipsky) 일선관료제론

1. 의의: 고객과 접촉, 재량권 ○, 일선관료가 실질적 정책 결정, 상향적 정책집행접근법

2. 3대 업무환경
① 자원의 부족
② 권위에 대한 도전
③ 모호하고 대립된 기대

3. 적응방식: 정형화, 단순화, 고객의 요구에 민감하게 반응 ×

정책평가

Ⅰ. 정책평가 필요성 & 목적

1. 정책결정과 집행에 필요한 정보 제공
정책의 추진 여부 결정, 정책의 내용 수정, 효율적인 집행전략 수립

2. 정책 과정상의 책임 확보
법적 책임, 관리적 책임, 정치적(도의적) 책임

3. 이론 구축에 의한 학문적 기여

Ⅱ. 정책평가의 유형

1. 총괄평가(원인 – 결과): 1차적 평가
  (TIP) 결과를 평가
① 집행이 종료된 후
② 효과성, 능률성
③ 외부평가가 원칙

2. 과정평가(원인 – 결과): 2차적 평가 ┌ ① 집행 후(○)
  (TIP) 과정을 평가   └ ② 집행 중(○)

3. **평가성 사정 평가**: 평가를 위한 평가 → 예비평가

4. **메타평가**: 평가를 평가, 외부의 제3자가 평가를 평가

▌ 정책평가의 요소

Ⅰ. 변수

1. **독립변수**: 원인변수

2. **종속변수**: 결과변수

3. **제3의 변수**: 내적타당도 위협

→ 허위변수의 예시

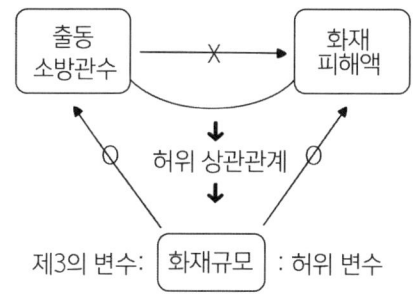

① 선행변수
② 매개변수: 종속변수이면서 독립변수
③ 허위변수(외재적 변수): 상관관계 ×, 있는 것처럼
④ 혼란변수: 두 변수 모두에 영향(관계 강도 변화)
⑤ 억제변수(억압변수): 상관관계 ○, 없는 것처럼
⑥ 왜곡변수: 독립변수와 종속변수를 반대로 보이게 하는 변수

Ⅱ. 타당도 & 신뢰도

신뢰도는 타당도의 필요조건

III. 타당도

1. **구성적 타당도**: 이론적 구성요소들이 성공적으로 조직화된 정도

2. **통계적 결론의 타당도**: 충분히 정밀하고 강력하게 연구 설계

3. **내적 타당도**: 인과적 추론의 정확도

➜ 내적 타당도의 저해요인
① 선발, 선정 ➜ 이것만 외재적 요인
② 역사적 요소: 폭우 - 수질개선장치, 지하철 - 고가도로, 지하철 - 버스 전용 차선
③ 회귀 인공 요소: 원래 자신의 성향으로 회귀, 극단적인 사람을 실험 집단으로 했을 때
④ 성숙효과
⑤ 상실 요소
⑥ 측정 도구 변화
⑦ 측정(검사) 요소

4. **외적 타당도**: 일반화 가능성

➜ 외적 타당도의 저해요인
① 호손 효과 = 실험조작의 반응 효과: 평소와 다른 행동
② 다수적 처리에 의한 간섭: 실험조작에 익숙해짐
③ 표본의 대표성 부족
④ 실험조작과 측정의 상호작용
⑤ 크리밍 효과 = 크림 스키밍

▎ 정책평가의 방법

I. 진실험, 준실험, 비실험의 비교

구분	진실험	준실험	비실험
개념	실험 - 통제집단 동질성	실험 - 통제 비동질성	실험 ○, 통제 ✕ = 모집단
내적 타당도	↑	-	↓
외적 타당도	↓	-	↑
실현 가능성	↓	-	↑

Ⅱ. 진실험과 준실험 비교(비실험은 실험설계가 아님)

구분	준실험	진실험
집단 간의 동질성	비동질성	동질성
설계방식	• 짝짓기(매칭) • 단절적 시계열분석 • 회귀불연속 설계	무작위 배정

정책 변동

Ⅰ. 정책변동의 유형(Hogwood & Peters의 견해)

1. **정책혁신**: 완전히 새로운 정책
2. **정책유지**: 기본적 특성 유지
3. **정책승계**: 정책 목표 이외 재설정
4. **정책종결**: 소멸

Plus 보충

1. 목표승계: 목표를 재설정
2. 정책승계의 유형

선형적 승계	정책목표를 변경하지 않는 범위 내에서 정책내용을 완전히 새로운 것으로 바꾸는 것
부분종결	일부의 정책을 유지하면서 일부는 완전히 폐지하는 것(정책유지 + 정책종결)
복합적 정책승계	정책유지, 정책대체, 정책종결 또는 정책추가 등 3개 이상의 정책승계가 복합적으로 나타나는 것
우발적 정책승계	타 분야의 정책변동에 연계하여 우발적인 변화가 나타나는 형태의 정책승계
정책통합	유사한 목표를 가진 2개의 정책이 하나의 정책으로 통합되는 것
정책분할	정책담당기관의 분리 등으로 하나의 정책이 두 개 이상으로 분리되는 것

Ⅱ. 정책변동 모형

1. **정책흐름모형(Kingdon)**
2. **정책지지 연합모형(Sabatier의 연구)**: 점진적 변화
3. **정책 패러다임 변동모형(Hall)**: 정책목표와 정책수단의 급격한 변화
4. **단절균형모형**: 강력한 외부충격으로 인한 정책변동

우리나라 정부업무평가

Ⅰ. 주관기관

1. **국무총리**: 정부업무평가기본계획을 수립하고 최소 3년마다 수정, 보완
2. **국무총리 소속 정부업무평가위원회 설치**: 위원장 2인 ┌ 국무총리와
　　　　　　　　　　　　　　　　　　　　　　　　　　└ 대통령이 지명한 자

Ⅱ. 평가대상

1. 중앙행정기관
2. 지방자치단체
3. 중앙행정기관 또는 지방자치단체의 소속기관
4. 공공기관

Ⅲ. 평가 종류

1. **중앙행정기관 평가**

① 자체평가
② 재평가: 국무총리, 임의사항

2. **지방자치단체 평가**

① 자체평가
② 평가지원: 행정안전부장관

3. **특정평가**

국무총리 – 둘 이상의 중앙행정기관 관련 시책, 주요 현안 시책

4. **국가위임사무 등에 대한 합동평가**

행정안전부장관 + 관계중앙행정기관장 ➜ 행정안전부장관 소속 '합동평가위원회' 설치

Ⅳ. 객관성 확보 방안

평가위원 수: 자체평가의 평가위원은 민간위원이 2/3 이상이어야 한다.

adm.Hackers.com

해커스행정사
adm.Hackers.com

제3편

행정조직론

제3편 행정조직론

조직의 유형

Ⅰ. 블라우 & 스콧(Blau & Scott)

1. **호혜적 조직**: 수혜자 - 조직의 구성원들('과두제의 철칙'을 유발)(예 정당, 노동조합, 이익집단)
2. **기업 조직**: 수혜자 - 소유주
3. **봉사 조직**: 수혜자 - 고객집단
4. **공익 조직**: 수혜자 - 국민 일반(예 정부조직)

Ⅱ. 에치오니(Etzioni)

1. **강제적 조직**: 강압적, 물리적인 힘 - 굴종적(소외적), 질서 목표
2. **공리적 조직**: 물질적 보상 - 타산적(계산적), 경제 목표
3. **규범적 조직**: 상징적, 도덕적 가치 - 도의적, 문화 목표

Ⅲ. 민츠버그(Mintzberg)

구분	단순구조	기계적 관료제	전문적 관료제	사업부제 구조	Adhocracy
조정	직접 감독	작업 과정	작업 기술	산출물	상호 적응
환경	동태적	안정적	안정적	안정적	동태적

표준화로 조정
표준화: 미리 정해진 규칙과 절차

Ⅳ. 대프트(Daft)

| 기계적 구조 | 기능적 구조 | 사업 구조 | 매트릭스 구조 | 수평 구조 | 네트워크 구조 | 유기적 구조 |

← 관료제　　　　　　　　　　　　　　　　　　　　　　　　　　　탈관료제 →

1. 기계적 구조: 전형적인 관료제

2. 기능 구조

① 분업 ➡ 전문화 ➡ 훈련된 무능 ➡ 조정 × ➡ 할거주의
② 수평적 조정의 필요성 ↓ 때 효과적
③ 규모의 경제 구현

3. 사업 구조

① 자기 완결적 조직
    ㉠ 산출물 중심
    ㉡ 부서 내 기능 간 조정 용이(부서 간 조정 ×)
② 성과 ➡ 책임
  ↑
  자율
③ 규모의 경제 저해(비용 ↑)

4. 매트릭스 구조

① 기능 구조 + 사업 구조 화학적 결합
② 명령 계통의 이원화 ➡ 책임한계 불명확

5. 수평 구조

① 핵심 업무 과정(process) 중심으로 재배열 ➡ 팀 조직
② 계층 ×

6. 네트워크 구조: 핵심역량 위주, 나머지는 외부와의 계약(아웃소싱)

7. 유기적 구조

▮ 조직이론의 변천 과정

왈도(Waldo)	고전	신고전	현대조직	
스콧(Scott)	폐쇄, 합리	폐쇄, 자연	개방, 합리	개방, 자연
샤인(Schein)	합리적 경제인	사회인	자아실현인, 복잡인	
	과학적 관리론	인간관계론		

조직의 구조변수

- 기본 변수: 복잡성, 공식성, 집권성
- 상황 변수: 환경, 규모, 기술

I. 기본 변수

1. **복잡성**: 분화의 정도

① 수직적 분화: 계층
② 수평적 분화: 분업
③ 공간적 분산

2. **공식성**: 표준화의 정도 ➔ 미리 정해진 규칙과 절차

3. **집권성**: 결정권의 소재

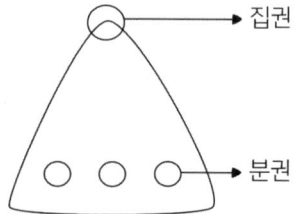

II. 상황 변수

1. 환경

2. **규모**: 조직구성원의 수, 과업의 크기, 조직책임의 범위

3. **기술**: 기술의 유형

① 톰슨(J. D. Thompson)의 기술유형론
  ㉠ 중개형 기술: 은행, 공인중개사 ➔ 업무조정 표준화
  ㉡ 길게 연결된 기술: pipeline ➔ 업무조정 계획
  ㉢ 집약형 기술: 종합병원 ➔ 업무조정 상호적응
② 페로우(C. Perrow)의 기술유형론

구분		과업의 다양성	
		낮다 = 소수의 예외	높다 = 다수의 예외
분석 가능성 = 표준화, 공식화	낮다(미리 정할 수 ✕)	장인기술 ➔ 예술가	비일상적 기술 ➔ 탈관료제
	높다(미리 정할 수 ◯)	일상적 기술 ➔ 관료제	공학적 기술 ➔ 주문형 제품

구분	규모		기술		환경	
	대	소	일상	비일상	안정	급변
복잡성	↑	↓	↓	↑	↑	↓
공식성	↑	↓	↑	↓	↑	↓
집권성	↓	↑	↑	↓	↑	↓

조직의 원리

1. 통솔 범위의 원리

① 1인의 상관 또는 감독자가 효과적으로 직접 감독할 수 있는 부하의 수에 관한 원리
② 통솔 범위 한계 극복 ➜ 계층제의 대두

2. 계층제의 원리

① 명령 복종 관계(상명하복)
② 계층제와 통솔 범위는 역관계
    ㉠ 통솔 범위 좁음 ➜ 고층구조
    ㉡ 통솔 범위 넓음 ➜ 저층구조

3. 명령통일의 원리

한 사람의 상관에게만 보고, 명령 받음 ➜ 책임·한계 명확

Plus 보충

매트릭스 구조 ➜ 명령계통의 이원화 ➜ 책임·한계 불명확

4. 전문화(분업)의 원리

분업 ➜ 전문화 ➜ 훈련된 무능 ➜ 조정 × ➜ 할거주의

5. 조정의 원리

공동 목적을 달성하기 위해 구성원의 행동 통일을 기하도록 집단적 노력을 질서 있게 배열하는 과정
➜ 사이먼(Simon): 조직의 원리들은 경험적 검증을 거치지 않은 격언에 불과한 것으로 비판

6. 조직의 조정기제

수직적 연결기제	수평적 연결기제
• 계층제 • 규칙과 계획 • 계층직위의 추가 • 수직정보시스템	• 정보시스템 • 직접 접촉 • 임시작업단(Task Force): 부서 간 조정, 임시작업단 • 프로젝트 매니저: 부서 간 조정, 정규직위 • 프로젝트팀: 부서 간 조정

Plus 보충 조직의 동태화

1. 프로젝트 팀(Project Team)
   ① 특정 사업(Project)을 추진하거나 과제를 해결하기 위해 임시적으로 조직 내의 인적·물적 자원을 결합하여 창설되는 동태적 조직
   ② 계층제 구조보다 직무의 상호연관성이라는 직무상의 횡적 관련성 중시
   ③ 조직의 구성원은 정규 부서의 소속을 이탈하지 않으며, 임무가 종료하면 원소속에 복귀
2. 태스크 포스(Task Force)
   ① 조직의 각 직능 부문에서 필요한 전문가를 선정, 이들을 한 사람의 책임자 아래 입체적으로 편성하는 임시적 조직
   ② 태스크 포스(Task Force)에서 근무하는 기간 동안은 구성원이 정규 부서에서 이탈하여 전임제로 참여한다는 점에서 법적 근거 필요

관료제

Ⅰ. 관료제의 개념에 대한 접근

1. 구조적 개념

① 계층제의 형태를 지닌 대규모 조직
② 베버(M. Weber)
③ 관료제의 보편성

2. 기능적 개념: 정치 권력을 장악한 특권 집단

Ⅱ. 베버(M. Weber)의 관료제 모형 특징

1. 이념형

① 관료제의 가장 특징적인 것만 추출해서 정립한 가설적 모형
② 현존하는 실제 조직과 다름

2. **보편성**: 공사행정을 막론하고 모든 조직이 계층제 형태를 띤 관료제 구조

➜ 공사행정: 행정과 경영의 유사점(동양, 서양의 공통점이 아님)

3. **합리성**: 능률성과 합법성을 추구하는 합리적 조직

Ⅲ. 근대 관료제 특징

1. 고도의 계층제, 분업과 집권화
2. 법규에 의한 지배, 관청적 권한
3. 문서주의, 공사분리
4. **기술적 전문화**: 정치적 능력(선거)으로 선출 ✕
5. **직업의 전업화** ─ 전임 ○
   └ 겸임 ✕
6. 고용 관계의 자유계약성
7. 비개인화, 몰인간성, 비정의성, 공평성(객관주의)

> **Plus 보충** 베버(M. Weber)의 관료제의 관료
> 1. **채용**: 시험 등을 통해 공개적 채용
> 2. **보수**: 연공서열 중시(성과급이 아님)

Ⅳ. 관료제 모형에 대한 비판 & 관료제의 병리

1. 동조과잉, 목표의 대치(전환)
2. **번문욕례(red tape)**: 문서에 집착 ➜ 지나친 형식주의
3. **인간적 발전의 저해, 인간성 상실**: 인간 소외
4. 훈련된 무능
5. **무사안일주의, 상급자의 권위에 의존**: 상사가 시키는 일만 함
6. 할거주의(국지주의)
7. 변동에 대한 저항(교착 상태)
8. 관료 독선주의
9. **권력 구조의 이원화와 갈등**: 상사의 계서적 권한과 부하의 전문적 능력이 충돌

10. 무리한 세력 팽창(관료제국주의)
11. 관료를 무능화하는 승진제도: 무능력 수준까지 승진 ➜ 피터의 원리
12. 민주성, 대표성의 제약

후기 관료제(탈관료제)

1. 네트워크 조직

① 의의
　㉠ 네트워크 조직(network organization): 전략·계획·통제 등 핵심기능 위주로 합리화하고 여타의 생산기능은 아웃소싱을 통하여 다른 조직의 자원을 저렴한 비용으로 활용하는 '분권화된 공동(空洞) 조직(hollow organization)'
　㉡ 네트워크 조직은 상호 독립적인 조직들이 상대방의 자원을 활용하기 위해 수평적 신뢰관계로 연결

② 기본 원리
　㉠ 공동목적
　㉡ 독립적인 구성원
　㉢ 통합지향성
　㉣ 자율적 업무 수행
　㉤ 정보기술의 활용과 물적 차원의 축소
　㉥ 환경과의 상호 작용

③ 장·단점

장점	단점
• 조직의 유연성과 자율성의 강화를 통하여 환경적 변화에 신속히 대응하고 창의력을 발휘 • 조직의 네트워크화를 통한 환경에의 불확실성을 감소 • 통합과 학습을 통해 경쟁력 제고 • 정보통신기술을 활용해 시간·공간적 제약 완화 • <u>핵심 업무 외에는 외부와 계약을 하기 때문에 투자 비용을 절감</u>	• 계약관계에 있는 외부기관을 직접 통제하기 곤란 • <u>구성단위에 대한 조정과 감시비용이 증가(대리인 문제로 인한 기회주의 방지 조치 필요)</u> • 제품 및 서비스의 안정적 공급과 품질관리 곤란 • 조직경계가 모호하여 정체성이 약하고 응집력 있는 조직문화를 갖기 어려움 • 네트워크의 폐쇄화: 네트워크가 구축되면 네트워크 외부의 조직에 대해 배타적으로 행동함

④ 네트워크 조직에서 2가지 비용
　㉠ 투자비용: 핵심기능 위주로 합리화하고 여타의 기능은 외부와의 계약을 통하여 다른 조직의 자원을 저렴한 비용으로 활용하기 때문에 투자 비용을 절감함
　㉡ 조정비용(= 감시비용, 대리비용): 계약관계에 있는 외부기관을 직접 통제하지 못하므로 대리인 문제로 인한 기회주의 방지 조치에 들어가는 비용은 증가함

2. 가상조직

① 신축정부모형의 관리개혁 방안
② 필요할 때 만들고 필요 없으면 버림 ➜ 신축성 가장 大

관료제	가상조직
• 계층제 • 규모의 경제	• 전자 네트워크 • 속도의 경제

3. 학습조직

① 조직이 학습함
    ㉠ 선발된 구성원 ✕
        모든 구성원 ○
    ㉡ 부분을 중시 ✕
        전체 중시 ○
    ㉢ 개별적 성과급 ✕
        학습에 대한 보상 ○
    ㉣ 경쟁에 의한 학습 ✕
        협력을 통한 학습 ○
    ㉤ 사려 깊은 리더십
        = 공유된 리더십
② 핵심가치: 조직의 효율성(✕), 문제해결능력(○)

      (TIP) 시행착오를 수용

4. 탈관료제 모형의 장·단점

장점	단점
• 환경적응도, 창조성 ↑ • 전문가, 비일상적 기술	• 매트릭스 조직: 책임한계 불명확 • 네트워크 조직: 조정 비용 多(통합이 어렵고 조정비용 및 감시비용이 큼) • 임시적, 개방된 조직 ➜ 응집성, 정체성 ↓, 심리적 불안감 • 정밀성, 표준화, 편의성, 일관성, 안정성 ↓

비공식조직의 순기능과 역기능

순기능	역기능
• 구성원 간의 행동 기준을 확립하여 공식조직의 목표 달성에 기여 • 귀속감·심리적 안정감 등의 충족과 사기양양에 기여 • 비공식조직 참여자 간의 협조를 통해 공식조직의 능력을 보완 • 구성원 간의 협조와 지식·경험의 공유를 통한 업무의 능률적 수행에 기여 • 공식조직(계층제)의 경직성 완화와 적응성 증진에 기여 • 의사소통의 원활화에 기여	• 적대감정과 심리적 불안감 조성 • 정실행위의 만연 가능성이 큼 • 비생산적 규범(norm) 형성 • <u>공식적 권위가 약화되고 파벌이 조성됨</u> • 소문 등이 만연하고, 정보의 공식적 이용이 곤란함

계선과 막료

Ⅰ. 계선과 막료 비교

계선	막료 = 참모
• 보조기관 • 명령·통일의 원칙에 입각하여 업무수행	• 보좌기관 • 상위결정권자를 지원 • 차관보, 담당관

→ 계선과 막료의 구별 상대화(모호화): 지식·정보화사회 도래

Ⅱ. 계선조직과 막료조직의 장·단점

구분	계선조직	막료조직
장점	• <u>명확한 권한과 책임으로 능률적인 업무 수행</u> • <u>신속한 결정이 가능</u> • 운영비용이 적게 듦 • 강력한 통솔력 행사, 소규모 조직에 적합	• 계선기관의 결함 보완, 기관장의 통솔범위 확대 • 전문적 지식과 경험에 의한 합리적·창의적 결정 • 계선기관 간의 업무 조정(수평적 업무조정 용이) • 대규모 조직에 적합 • 조직의 신축성, 동태성 확보
단점	• 대규모 조직에서는 최고관리자의 과중한 업무 부담 • 최고관리자의 독단이 초래될 위험 • 상황변화에 대한 신축성 결여	• 계선기관과의 대립·충돌 가능성 • 결정의 지연 가능성 • 참모기관에 소요되는 경비의 과다 • <u>막료의 계선권한 침해가능성(책임전가)</u> • 중앙집권화의 경향 촉진

Ⅲ. 참모적 성격의 중앙행정기관

1. 인사혁신처
2. 기획재정부
3. 법제처
4. 행정안전부

▌위원회(합의제 행정기관)

독임제	위원회
• 1인 결정 • 신속 ➡ 시간, 비용 ↓ • 책임한계 명확 • 비밀유지 ○	• 복수 결정 • 신중, 공정, 객관, 민주 • 계속성, 안정성 • 비밀유지 ×

Ⅰ. 위원회의 유형 비교

구분	특징
자문위원회	• 참모기관의 성격을 띤 자문기관 • 관청적 성격이 없고 결정에 법적 구속력도 없음 예 각 부처의 정책자문위원회 등
조정위원회	자문적 성격의 조정위원회: 법적 구속력과 관청적 성격 없음 예 경제장관회의, 안보장관회의 의결적 성격의 조정위원회: 법적 구속력과 관청적 성격 있음 예 환경분쟁조정위원회 등
행정위원회 (합의제 행정관청)	• 행정관청으로서의 성격을 갖고 결정에 대한 법적 구속력이 있음 • 준입법권과 준사법권을 가지고, 독립적 지위에 있는 기관 • 법률에 의해 설치되고, 국민에 대한 권익과 관련된 의사결정
독립규제위원회	• 행정위원회의 일종, 행정부로부터의 독립성을 갖고, 준입법적·준사법적 기능 수행 • 위원의 신분보장, 미국의 주간통상위원회가 시초(머리 없는 제4부라고도 함) • 우리나라에서 독립규제위원회적 성격이 강한 위원회: 중앙선거관리위원회, 공정거래위원회 • 독립규제위원회의 문제점 　- 독립성으로 다른 행정기관과의 조정이 곤란함 　- 권한에 비해 민주적 통제가 미흡함

정부조직체계

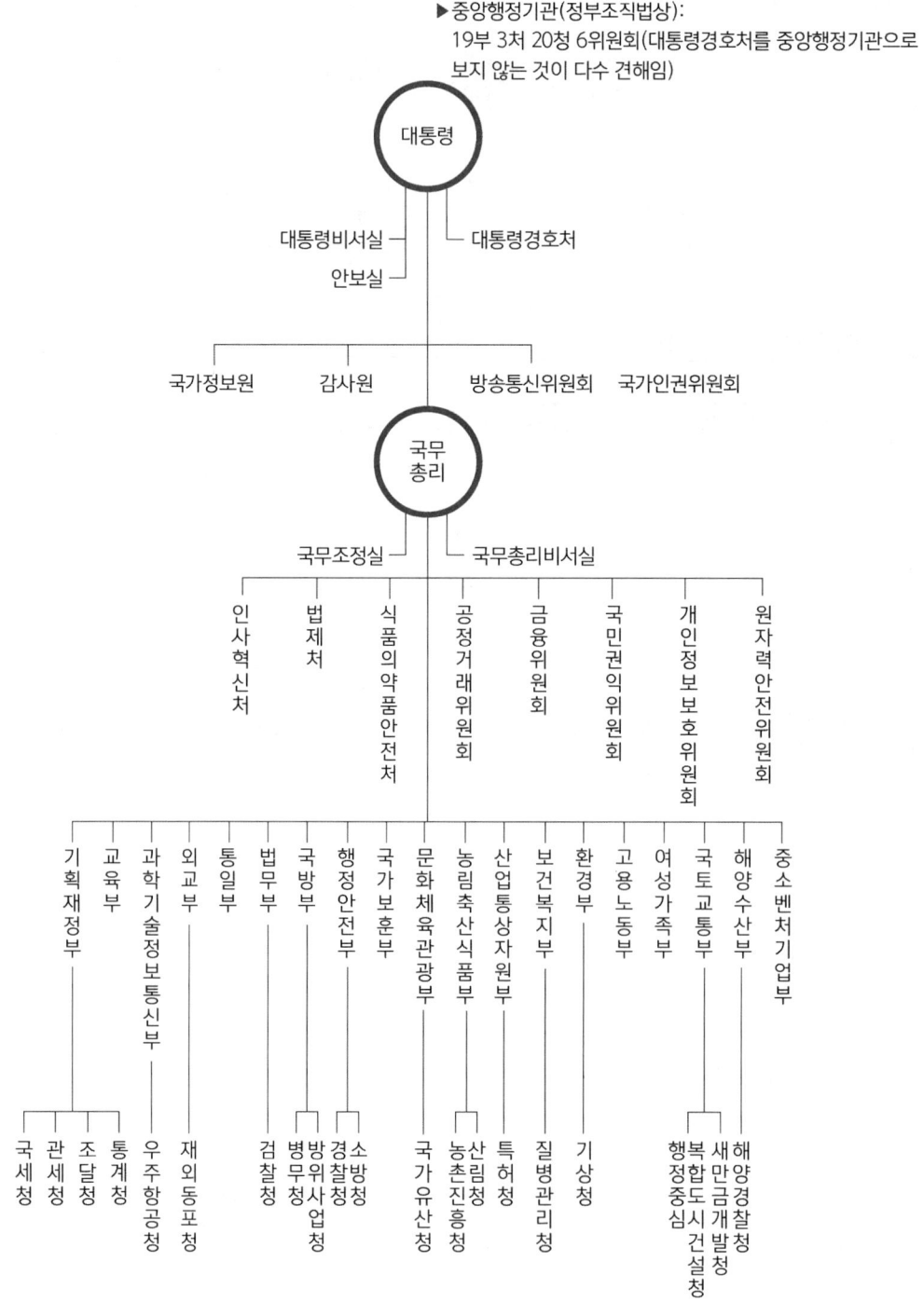

공공기관

Ⅰ. 실정법상 지정의 기준

> **공공기관의 운영에 관한 법률 제4조【공공기관】** ② 기획재정부장관은 다음 각 호의 어느 하나에 해당하는 기관을 공공기관으로 지정할 수 없다.
> 1. 구성원 상호 간의 상호부조·복리증진·권익향상 또는 영업질서 유지 등을 목적으로 설립된 기관
> 2. 지방자치단체가 설립하고, 그 운영에 관여하는 기관
> 3. 방송법에 따른 한국방송공사와 한국교육방송공사법에 따른 한국교육방송공사
>
> **공공기관의 운영에 관한 법률 시행령 제7조【공기업 및 준정부기관의 지정기준】** ① 기획재정부장관은 법 제5조 제1항 제1호에 따라 다음 각 호의 기준에 해당하는 공공기관을 공기업·준정부기관으로 지정한다.
> 1. 직원 정원: 300명 이상
> 2. 수입액(총수입액을 말한다): 200억 원 이상
> 3. 자산규모: 30억 원 이상

Ⅱ. 공공기관의 구별

공기업	자체수입액이 총수입액의 2분의 1 이상인 기관	
	시장형 공기업	• 자산규모가 2조 원 이상이고, 자체수입액이 대통령령이 정하는 기준(85%) 이상인 기관 • 한국가스공사, 한국석유공사, 한국전력공사, 인천국제공항공사 등
	준시장형 공기업	• 시장형 공기업이 아닌 공기업 • 한국토지주택공사, 한국마사회 등
준정부기관	공기업이 아닌 공공기관 중에서 지정	
	기금관리형 준정부기관	• 국가재정법에 따라 기금을 관리하거나 관리를 위탁받은 준정부기관 • 공무원연금공단, 국민연금공단 등
	위탁집행형 준정부기관	• 기금관리형 준정부기관이 아닌 준정부기관 • 국립공원공단, 한국산업인력공단, 한국농어촌공사 등
기타 공공기관	공기업과 준정부기관을 제외한 공공기관으로서 이사회 설치, 임원 임면, 경영실적평가, 예산, 감사 등의 규정을 적용하지 아니함	

책임운영기관

1. 신공공관리론의 조직원리에 의하여 등장
2. 시장이 일하는 방법 도입
3. 정부 기능 재조정

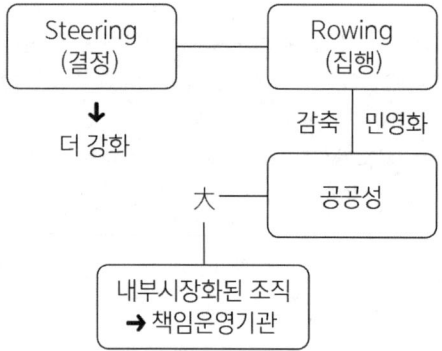

I. 특징

1. **정책결정과 정책집행의 분리**: 집행기능 중심의 조직
2. 경쟁의 도입
3. 관리자에게 재량권 부여
4. 성과에 대한 책임
5. 내부시장화된 조직

II. 적용대상 사무

1. 공공성이 강한 사무 분야(민영화가 곤란한 분야)
2. 성과관리가 용이한 분야
3. 내부 시장화가 필요한 분야
4. 자체 재원 확보가 가능한 분야(일부 또는 전체)

III. 우리나라 책임운영기관

1. **의의**: 행정안전부장관이 대통령령으로 설치
2. **중앙책임운영기관**: 특허청

3. 소속책임운영기관

① 기관장은 중앙행정기관 장이 임용(임기제 공무원)
② 정원
　㉠ 총정원: 대통령령
　㉡ 종류별·계급별 정원: 총리령 또는 부령
③ 책임운영기관 소속 공무원의 임용권은 중앙행정기관 장에게 있으며, 책임운영기관 소속 공무원의 임용시험은 소속 책임운영기관장이 실시
④ 특별회계로 운용할 경우 특별회계는 계정별로 중앙행정기관 장이 운용, 기획재정부 장관이 통합관리
⑤ 성과측정 및 평가
　┌ 행정안전부장관 소속: 책임운영기관 운영위원회
　└ 중앙행정기관장 소속: 소속책임운영기관 운영심의회
　　→ 행정안전부장관의 평가가 우선함

IV. 책임운영기관의 한계

1. 정부팽창의 은폐 및 민영화의 회피 수단
2. 책임한계의 모호성
3. 기관장의 신분보장 미흡
4. 정책과 집행 분리의 문제점
5. 정책통합의 곤란
6. 성과측정의 곤란

▌동기부여

내용이론 ➡ What	과정이론 ➡ How
① Maslow 욕구 계층 이론 ② Alderfer ERG 이론 ③ McGregor X, Y 이론 ④ Z 이론 모형 ⑤ Herzberg 욕구충족 2개 요인 이론 ⑥ Argyris 성숙, 미성숙 이론 ⑦ McClelland 성취 동기 이론 ⑧ Murray 명시적 욕구 이론 ⑨ Hackman & Oldham 직무 특성 이론 　(과정이론으로 보는 견해도 있음)	① Vroom 기대이론 ② Porter & Lawler 업적, 만족 이론 ③ Adams 형평성 이론 ④ 학습(강화)이론 ⑤ Locke 목표 설정 이론

동기부여의 내용 이론

1. 매슬로우(Maslow) 욕구 계층 이론
① 욕구 5단계
   자아실현 욕구: 도전적 직무, 성취, 능력 발전 ➡ 궁극적 욕구

   존경 욕구: 명예, 지위, 인정

   사회적 욕구: 우정, 친교, 상담

   안전 욕구: 후생복지(연금), 신분(정년)
   ↑
   생리적 욕구: 보수, 근무환경 ➡ 가장 기본적, 우선순위 가장 높음
② 특성
   ㉠ 욕구발현의 연속성, 순차성
   ㉡ 욕구발현의 후진성 인정 ×
   ㉢ 동기부여
      ⓐ 결핍된 욕구 ○: 만족(각 욕구마다는 개인차 ○) ➡ 진행
      ⓑ 충족된 욕구 ×
   ㉣ 개인차 인정 ×(모두 5단계를 거친다)
③ 매슬로우(Maslow) 이론에서 '개인차를 고려하지 않는다'의 의미
   ㉠ 개인차를 인정하지 않는다는 것은 욕구의 단계가 획일적으로 고정되어 있다는 것을 의미함
   ㉡ 단계별 충족의 정도는 만족 수준의 충족이기 때문에 충족의 정도는 개인차가 있음
   ㉢ 개인차를 인정하지 않는다는 것은 ㉠의 의미임

2. 앨더퍼(Alderfer) ERG 이론
욕구 발현의 후진성 인정, 복합연결형의 욕구 인정

욕구 3단계	욕구 5단계
G(성장)	• 자아실현 • 존경 - 자아존중
R(관계)	• 존경 - 타인존경 • 사회적
E(존재)	• 안전 • 생리적

3. 맥그리거(McGregor) X, Y이론

구분	X이론(피동적 인간관)	Y이론(능동적 인간관)
관리 전략	• 엄격한 감독과 구체적인 통제 및 처벌 • 강압적·권위주의적 성향을 띠는 관리 • 교환에 의한 관리로 성과를 낸 경우 경제적 보상을 하고, 성과를 내지 못한 경우 처벌과 제재를 가함	• 경제적 보상과 인간적 보상의 조화 • 목표관리 및 자체평가제도 활성화 • 민주적 리더십의 확립 • 분권화와 권한의 위임(평면적 조직구조 발달) • 관리자는 조직목표와 개인목표가 조화될 수 있도록 해야 함

4. 허즈버그(Herzberg) 욕구충족 2개 요인 이론

① 정의

위생, 불만 요인	만족, 동기 요인
불만요인 제거 ➔ 동기부여 ×, 불만이 없는 상태 예 보수(급여), 직무환경, 인간관계	• 만족요인: 충족 ➔ 동기부여 ○ • 심리적 예 ┌ 성취감, 자아계발, 성장 ├ 인정감, 직무 자체 └ 책임감, 승진, 직무 충실

② 특징
　㉠ 불만요인과 만족요인은 서로 독립된 별개
　　➔ 불만 – 만족: 역의 관계 ×
　㉡ 개인차 고려 ×
　㉢ 중요사건 기록법에 의한 자료 수집

5. 아지리스(Argyris) 성숙, 미성숙 이론

조직의 인간관:　　미성숙　➔　성숙
관리전략:　　　　X 관리　➔　Y 관리

① 인간관과 관리전략이 일치할 때: 생산성 증대
② 인간관과 관리전략이 불일치할 때: 갈등의 악순환

6. 맥클리랜드(McClelland) 성취 동기 이론

① 인간의 욕구는 학습되는 것 ➔ 개인차 ○
② 욕구의 유형
　㉠ 권력욕구
　㉡ 친교욕구
　㉢ 성취욕구: 성취욕구가 높을수록 생산성이 높음

7. 머레이(Murray) 명시적 욕구 이론

① 미리 정해진 순서에 의해서 욕구가 충족되는 것이 아니라, 복수의 명시적인 욕구가 동시에 인간의 행동에 동기부여를 한다고 본다.
② 명시적 욕구는 학습된 욕구이다.

8. 핵크만과 올드햄(Hackman & Oldham) 직무 특성 이론

① 의의: 직무의 특성이 직무 수행자의 성장욕구 수준에 부합 ➔ 동기부여
② 직무의 특성
    ㉠ 기술 다양성
    ㉡ 정체성
    ㉢ 중요성
    ㉣ 자율성 ⎤ ➔ 동기부여에 많은 영향
    ㉤ 환류 ⎦

▌동기부여의 과정 이론

1. 브룸(Vroom) 기대이론

① 기대성: 노력 ➔ 성과(주관적 믿음)
② 수단성: 성과 ➔ 보상(주관적 믿음)
③ 유의성: 특정 결과에 대해 개인이 갖는 선호의 강도
➔ 주관적 믿음(= 주관적 확률) 중 하나라도 '0(영)'이 되면 동기부여는 되지 않는다.

2. 포터와 롤러(Porter & Lawler) 업적, 만족 이론

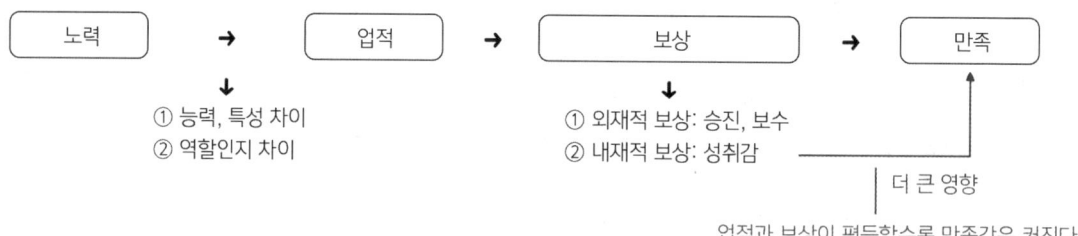

노력 ➔ 업적 ➔ 보상 ➔ 만족
    ↓   ↓
① 능력, 특성 차이   ① 외재적 보상: 승진, 보수
② 역할인지 차이   ② 내재적 보상: 성취감
                             더 큰 영향

업적과 보상이 평등할수록 만족감은 커진다.

3. 아담스(J. S. Adams) 공정성(형평성) 이론

① 동기부여: 불평등 지각 ┐ ㉠ 과소보상, ㉡ 과다보상
② 비교: 준거인물 ┘
③ 조직 내 공정한 평가의 중요성 강조
④ 행동을 바꾸는 방식 ┬ ㉠ 투입의 변경
　　　　　　　　　　├ ㉡ 산출의 변경
　　　　　　　　　　└ ㉢ 준거인물의 변경

4. 학습이론(강화이론)

학습	→	강화
• 처벌, 보상 • 주관적 ×, 심리적 ×, 외적 자극 ○		중단, 지속

강화 종류
① 연속적 강화: 관리자에게는 도움되지 않음
② 고정간격 강화 예) 월급
③ 변동간격 강화 예) 승진
④ 고정비율 강화 예) 판매량에 따른 성과급 지급
⑤ 변동비율 강화 예) 칭찬, 특별보너스

5. 로크(Locke) 목표 설정 이론

난이도, 구체성 ➡ 동기부여

조직문화

Ⅰ. 문화

변화, 개혁의 저항 요소

Ⅱ. 장·단점

장점	단점
• 안정성, 계속성 ↑ • 구성된 통합 ➡ 응집력, 동질감, 일체감 • 조직의 경계 설정 ➡ 정체성 • 구성원들의 조직 몰입도 ↑	• 변화와 개혁의 저항 요소 • 유연성, 창의성 ↓

Ⅲ. 행정문화

선진국	후진국
• 상대주의 • 다원주의 • 세속주의 • 전문주의	일반주의(↔ 전문주의) → 관료가 모든 것 다 할 수 있음, 제대로 하는 것 ×

▌리더십

대통령	홍길동
공식적 지위 ↓ 제도화된 권력 ↓ 헤드십	인간 ↓ 추종자들에 의한 리더 ↓ 리더십(심리적 영향력) ├ 과학적 관리론 × └ 인간관계론 ○

Ⅰ. 의의

인간관계론에서 연구 시작, 행태론에서 본격 연구

Ⅱ. 리더십의 본질에 관한 이론

1. 특성론 = 자질론

① 단일적 자질론
② 성좌적(별자리) 자질론: 여러 자질을 갖춘 사람이 리더로 적합
  ┌ 리더의 자질을 연구(○)
  └ 과업의 특성을 연구(×)

2. 행태론

① 권위형: 직무 중심
② 민주형: 사람 중심

X		Y	
• 권위형	• 일 중심	• 민주형	• 사람 중심
• 직무	• 생산	• 사람	• 부하
• 과업	• 구조	• 관계	• 배려

→ 행태론적 리더십: 항상 Y가 효과적

③ 블레이크와 머튼(Blake & Mouton)이 제시한 리더십의 다섯 가지 유형

유형	내용
무관심형	생산 및 인간에 대한 관심이 모두 낮아 신분유지를 위한 최소한의 노력만 기울이는 유형
친목형	인간에 대한 관심은 높으나 생산에 대한 관심은 낮은 유형
과업형	생산에 대한 관심은 높으나 인간에 대한 관심은 낮은 유형
타협형	인간과 생산에 절반씩 관심을 두고 적당한 수준의 성과를 지향하는 유형
단합형	생산과 인간에 대한 관심이 모두 높아 목표달성을 위한 공동체 의식을 강조하여 조직목표달성을 위해 헌신하도록 유도하는 유형

3. 상황론

상황에 따라 X가 효과적일 수도 있고, Y가 효과적일 수도 있음

① 피들러(Fiedler)의 '상황적응 모형'
　㉠ 상황변수 ─ 리더와 부하의 관계
　　　　　　 ─ 리더의 직위 권력
　　　　　　 ─ 리더와 부하의 과업 구조
　㉡ 상황 ─ 유리, 불리 – X가 효과적(X: 과업, 직무 중심)
　　　　 ─ 중간 수준 – Y가 효과적(Y: 인간, 관계 중심)

② 허쉬와 블랜차드(Hersey & Blanchard)의 '3차원 모형' → 상황변수: 부하의 성숙도
　㉠ 능력(직무상 성숙도)
　㉡ 의욕(심리적 성숙도)

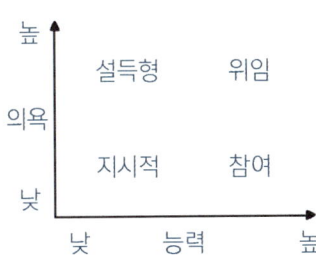

Plus 보충 부하의 성숙도

가장 낮다.			가장 높다.
↓			↓
지시형 -	설득형 -	참여형 -	위임형

③ 수직적 쌍방관계 이론
  ㉠ 내집단: 리더가 신뢰하는 부하 집단
  ㉡ 외집단: 리더가 신뢰 × 부하 집단
④ 하우스와 에반스(R. House & Evans)의 '경로 - 목표 모형'

원인변수	상황변수	매개변수	결과변수
• 지시적 리더십 • 지원적 리더십 • 참여적 리더십 • 성취적 리더십	• 부하의 특성 • 과업환경	• 기대감 • 수단성 • 유의성	구성원의 만족도와 근무성과

4. 신속성론

① 변혁적 리더십
  ㉠ 거래적 리더십과 변혁적 리더십 비교

거래적 리더십	변혁적 리더십

• 안전 지향
     업적
• 리더 ⇄ 부하
     보상
• 합리적 교환(업적에 따른 보상)
• 중하위직 관리자
• 관료제
	• 변화 적응
	• 리더 ⟶ 부하
	      ↓
	   비전 제시
	• 최고 관리자
	• 탈관료제

  ㉡ 변혁적 리더십의 4대 구성 요소
    ⓐ 카리스마적 리더십
    ⓑ 영감적 리더십
    ⓒ 지적 자극
    ⓓ 개별적 배려
② 발전적 리더십(서번트 리더십): 리더가 부하에게 헌신하는 리더십

권력

1. 의의

상대방의 의사와 관계없는 강제적인 힘이나 지배력

2. 프렌치(French)와 레이븐(Raven)의 권력 유형

구분	내용
합법적 권력	조직이나 계층상의 위계에 의하여 행사되는 권력
강제적 권력	공포에 기반을 두고 권력으로서 처벌할 수 있는 능력에 의하여 야기되는 권력
보상적 권력	복종의 대가로서 승진이나 봉급의 인상 등 보상을 제공할 수 있는 능력에 기반을 둔 권력
전문적 권력	전문적 지식이나 기술에 의하여 전개되는 권력
준거적 권력	어떤 사람의 능력이나 매력에 존경과 호감을 느낌으로써 그를 자기의 역할모델로 삼으며 일체감과 신뢰를 바탕으로 하는 권력

갈등

1. 갈등관의 변천

-	고전적 조직론 ↓	인식부재론: 과학적 관리론 등 고전적 조직론은 갈등에 대한 인식 자체가 없었던 시기
갈등유해론 · 갈등회피론 · 고전적 갈등관리론	인간관계론 (Mayo) ↓	• 갈등의 역기능: 갈등은 일종의 악, 조직의 효과성에 부정적 영향 • 모든 갈등은 제거 대상이며 직무의 명확한 규정 등을 통해 갈등을 제거할 수 있다고 봄
갈등불가피론	행태론 ↓	• 갈등의 순기능(역기능 + 순기능), 역기능적 갈등의 완화, 갈등의 불가피성 · 보편성 • 갈등은 조직 내에서 자연적으로 일어나는 불가피한 현상이며 완전 제거 곤란: 갈등 수용 입장 • 갈등은 때론 집단 성과에 유익함을 가져오기도 하지만 능동적으로 갈등을 추구하거나 갈등을 조장할 상황적 요인을 만들어 낼 수 있는 생각을 제시하지는 않음

갈등관리론 (1970년대 중반~)	상호작용론 (L. Coser) 현대조직론	• 갈등의 관리 · 활용
		   ┌ 역기능적 갈등: 완화 · 해소 · 용인 · 적응
		   └ 건전한 갈등(건설적 갈등): 조장
		• 갈등이 없으면 조직의 침체를 가져올 수 있으므로 이를 조장할 필요성이 있다는 입장
		• 조직의 활력을 유지하기 위해서는 적정 수준의 갈등이 필요하다는 입장

2. 토마스(Thomas) 갈등 해소 전략

① 회피(avoidance)
② 순응(accommodation, 수용, 적응)
③ 타협(compromise): 중간 정도 만족
④ 경쟁(competing)
⑤ 협동(collaboration): 모두의 이익을 만족

행정 PR(공공관계)

행정 PR	선전
• 조직 ⇄ 국민 　　　수평성 • 대등한 관계에서 교류(수평성 교류형) • 교류성, 상호 간 의사전달 • 객관성(진실성) • 교육성(계몽성): 이성에 호소 • 의무성	• 조직 　↓ 수직성 　국민 • 편류성: 일방적으로 알림 • 주관성: 왜곡, 날조 • 동조성: 감정 동조 • 권리

거시조직이론

I. 결정론: 조직 ← 환경(환경의 독립변수성)

1. 상황이론

원리접근법 비판: 개별조직이 놓여있는 상황에 따라 조직의 구조와 전략이 달라져야 한다.
➔ the best one way(환경이 어떻게 변하든지 유일 최선)를 비판

2. 조직군 생태학 이론

① 극단적인 결정론(환경이 조직을 선택함)
② 환경과 일치하지 × ➔ 조직은 소멸, 새로운 것이 탄생

3. 제도화 이론

① 사회적·문화적 신념에 의한 제도화 중시
② 내부적 합리성, 효율성보다 사회규범적 환경에 순응함으로써 정당성을 확보하는 것이 조직 생존의 기초 ➜ 조직은 사회정당성을 얻기 위해 제도적 동형화 추구

4. 조직 경제학(거래비용)

① 조직을 거래비용을 줄이기 위한 장치로 간주

거래비용 ┌ ㉠ 사전: 탐색비용
         └ ㉡ 사후: 계약 이행 강제 비용

② ┌ 조직화 비용 < 거래 비용: 조직을 만듦
   └ 조직화 비용 > 거래 비용: 민영화

③ 거래비용 발생 요인
   ㉠ 정보의 비대칭성
   ㉡ 기회주의적 속성
   ㉢ 제한된 합리성
   ㉣ 불완전 경쟁
   ㉤ 자산의 전속성(특정성)
   ㉥ 거래빈도 ↑: 거래 횟수 많을수록 거래 비용 증가

④ 한계: 민주성, 형평성 등 비경제적 요인 고려 못 함

Ⅱ. 자발론 = 임의론: 조직 ➜ 환경(조직이 독립변수 역할)

1. 전략적 선택이론

조직의 생존과 발전은 재량권이 부여된 관리자의 자율적 판단에 좌우
➜ 환경형성론적 입장

2. 자원의존 이론

① 희소자원에 대한 통제 능력이 관리자의 능력 중시
② 능동적이고 적극적인 환경관리 중시

3. 공동체 생태학 이론

조직 간의 공동전략(연대)에 의한 능동적 환경적응 과정

Ⅲ. 거시조직이론 체계

구분		환경 인식	
		결정론(deterministic, 수동적)	임의론(voluntaristic, 능동적)
분석 수준	개별 조직	<체제구조적 관점> 구조적 상황론(상황적응론)	<전략적 선택 관점> ① 전략적 선택이론 ② 자원의존이론
	조직군	<자연적 선택 관점> ① 조직군생태학 이론(환경적소에 의한 선택) ② 조직경제학(경제적 환경에 적응) ③ 신제도화이론(사회문화적 환경에 적응)	<집단적 행동 관점> 공동체생태학 이론

혼돈이론

Ⅰ. 의의

→ 질서 있는 무질서

1. ┌ 질서   ┌ negative   ┌ 균형   ┌ 긍정   ┌ 안정
   └ 무질서   └ positive   └ 불균형   └ 부정   └ 불안정
   모두 고려 → 통합적 접근 시도

2. 뉴턴의 패러다임 비판

Ⅱ. 특성

1. 혼돈 ┌ 회피의 대상(×)
        └ 발전의 불가결한 요소(○)

2. 혼돈 상황 ┌ 단순화(×)
              └ 있는 그대로 접근(○)

3. 개별적 혼돈 상황 ┌ 개별적 접근(×)
                     └ 통합적 접근(○)

4. 탈관료제를 처방

목표관리(MBO)

I. Objective(목표)

1. 개별행위자의 목표 ➜ 조직 전체의 목표 합의
   　　　　　　(참여)

상호의존성 ↑, 성과급 지급(개별적 성과급(○), 상호의존성 강조 ○, 조직 목표와 개인 목표를 조화시키려 함)

2. 부하의 참여(분권) ➜ 상사와 부하의 합의

① 장점: 분권, 상향, 민주, Y(자아실현인)
② 단점: 시간·비용 ↑

3. 양적, 계량화된 목표

① 장점: 책임 한계 명확
② 단점: 질적 고려 ×

4. 단기적 목표 – 단점: 장기적 고려 ×

II. Management

1. 사후적 결과 중심 – 단점: 사전 ×, 과정 ×

2. 갈등을 건설적으로 해결(피드백)

3. 안정화된 환경 – 단점: 급변하는 환경 ×

총체적 품질 관리(TQM)

I. Total

1. 전 직원이 전 과정에 총체적 헌신
2. **총체적 헌신의 주체**: 집단 ➜ 개별적 성과급 지급 ×

Ⅱ. Quality

1. 품질 관리
2. **품질의 최종평가자**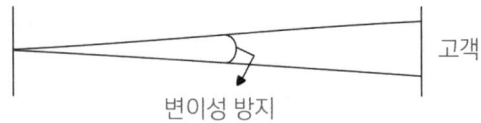

Ⅲ. Management

1. 초기, 사전적, 예방적 품질관리
2. **수평적 구조**: 분권, 참여, 유기적 구조

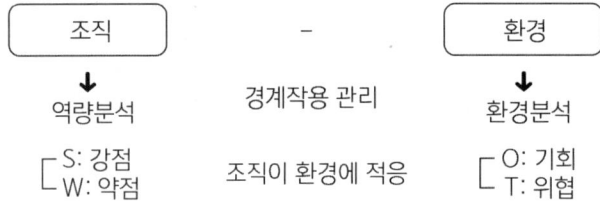

▌전략적 관리(SM)

```
    조직        －       환경
     ↓                    ↓
   역량분석    경계작용 관리   환경분석
   ┌ S: 강점                  ┌ O: 기회
   └ W: 약점   조직이 환경에 적응  └ T: 위협
```

1. 환경 고려 ➔ 장기

2. SWOT 전략

① 통합대응
② 외부의 환경뿐만 아니라 조직 자체의 내부 역량 분석 중시
③ 조직활동의 통합, 연계 중시(분리 ×)

외부 \ 내부	강점	약점
기회	• <u>SO 전략</u> • 공격적 전략 • 강점과 기회를 살리는 전략	• <u>WO 전략</u> • 방향전환 전략 • 약점을 보완하여 기회를 살리는 전략
위협	• <u>ST 전략</u> • 다양화 전략(차별화 전략) • 강점을 가지고 위협을 회피하거나 최소화하는 전략	• <u>WT 전략</u> • 방어형 전략 • 약점을 보완하면서 위협을 회피하거나 최소화하는 전략

조직발전(OD)

형태변화(수단)	→	조직발전 추구(궁극적 목표)
① 행태: 가치관, 신념, 태도, 질적 ② 대상: 상사, 동료, 부하, 집단 ③ 특성 　㉠ 질적, Y이론, 집권, 하향 　㉡ 장기적 과정 　㉢ 변동 담당자의 개입과 하향적 변화 = 계획적, 의도적, 집권적		① 조직의 효과성, 건전성 ② 문제해결능력, 환경 변동 대응능력

Ⅰ. 주요 기법

→ 감수성 훈련

1. 12명 내외
2. 2주 정도
3. 환경과 단절
4. 이질적 구성(모르는 사람들로 구성)

Ⅱ. OD 자체의 문제점

1. 구조적, 기술적 요인 경시, 행태 중시(인간)
2. 효과의 장기적 지속성 불확실
3. 전문가 확보 곤란, 시간과 비용 ↑, 절차 복잡
4. 사생활 침해 가능성

Ⅲ. 행정에의 적용상 문제점

최고 관리층의 빈번한 교체로 추진의 일관성 ↓

균형성과관리(BSC)

Ⅰ. 의의

1. BSC = 균형성과표 = 통합성과 관리
2. MBO가 고려하지 못한 것까지 균형 있게

Ⅱ. 공공부문에의 적용(4대 관점)

1. **고객 관점**: 고객만족도, 정책순응도, 민원인의 불만율, 신규 고객의 증감 등
2. **재무적 관점** → **목표 ×, 제약조건으로 작용**: 전통적인 후행지표로서 매출, 자본 수익률, 예산 대비 차이 등
3. **(내부) 업무처리 관점**: 의사결정 과정의 시민참여, 적법적 절차, 커뮤니케이션 구조 등
4. **학습과 성장의 관점 = 미래의 관점**: 학습동아리 수, 제안 건수, 직무만족도 등

Ⅲ. BSC와 MBO 비교

BSC	MBO
① 거시, 하향	① 미시, 상향
② 양적 + 질적	② 양적
③ 단기 + 장기	③ 단기
④ 사전 + 사후 (균형)	④ 사후
⑤ 과정 + 결과	⑤ 결과
⑥ 환경 + 조직 내부	⑥ 내부

adm.Hackers.com

해커스행정사
adm.Hackers.com

제4편

인사행정론

제4편 인사행정론

인사행정

```
엽관주의(당파성)  →  실적주의(능력)      →  적극적 인사행정
                    (소극성)
1. 전리품은 승자에게  1. 1883 펜들턴법        1. 대표관료제
2. 임기 4년제        2. 임용의 기회 균등 → (사회적 형평성 ↓)   (형평성 확보)
                    3. 정치적 중립 → (정책 리더십 ↓)    2. 부분적 엽관주의 가미
| 장점 | 단점 |      4. 신분보장 → (형식주의)          (특수 경력직)
| 민주성 ↑ | 안정성 ↓ |  5. 중앙인사기관의 자율성(부처 자율성 ↓)  3. 후기 인간관계론
| 책임성 | 계속성 ↓ |   우리나라: 인사혁신처 → 비독립 단독형    (인간적 요인 고려)
|       | 전문성 ↓ |                                4. 인사권 분권화
|       | (→ 능률성) ↓ |
|       | 부패 만연 |
```

엽관주의

Ⅰ. 의의

공무원의 인사나 공직 임용에 있어 그 기준을 당파성에 둠(정당에 대한 충성도)

Ⅱ. 발달

1. 4년 임기법

공무원의 임기 = 대통령의 임기 → 공무원의 책임성 강조

2. 잭슨(Jackson) 민주주의

전리품은 승자에게 속한다. ┌ 소수 상위 계층의 공직 독점 타파
                          └ 관료 문벌 타파

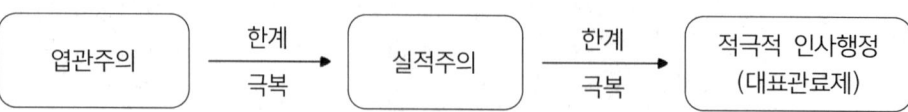

Ⅲ. 장·단점

장점	단점
① 정당정치 발달 ② 평등이념 구현 ③ 관료제의 쇄신 ④ 정치적(민주적) 리더십 ↑ ⑤ 정부 관료제의 민주화	① 안정성 ↓ ② 계속성 ↓ ③ 전문성(→ 능률성) ↓ ④ 부패 만연

Ⅳ. 엽관주의와 정실주의 비교

엽관주의	정실주의
① 미국에서 발달 ② 정당에 대한 충성도, 당파성이 중요 ③ 정권교체로 광범위한 공직 경질(신분보장 ×) ④ 1883년 펜들턴법(Pendleton Law) 제정으로 실적주의로 대체	① 영국에서 발달 ② 정치가 개인에 대한 충성, 혈연·학연·지연·금권이 중요 ③ 임용 후 종신고용(신분보장 ○) ④ 1853년 추밀원령 제정으로 실적주의로 대체

실적주의

Ⅰ. 발전 요인

1. 엽관주의 폐해 극복
2. 정당정치의 부패
3. **행정국가의 등장**: 산업혁명 이후 전문행정가 필요

Ⅱ. 주요 내용

1. 인사행정의 합리화, 과학화, 객관화
2. 능력, 자격, 실적 중심
3. 공개경쟁시험 제도
4. **인사권의 집권화**: 중앙인사기관 설치 → 중앙인사기관이 선발시험권을 가짐
5. 공직에의 기회 균등
6. 지역할당제
7. 공무원의 신분 보장

대표관료제

Ⅰ. 의의

다양한 사회 집단이 인구 비율에 따라 관료 직위를 차지해야 한다.

사회적 구성비	=	공직 내 구성비
백인: 50%	→	백인: 50%
흑인: 30%	→	흑인: 30%
기타: 20%	→	기타: 20%

1. **소극적 대표**: 출신 성분이 태도 결정
   ↓ → 사회화에 의한 주관적 책임
2. **적극적 대표**: 관료들이 출신 집단·계층의 가치·이익 대변

Ⅱ. 장·단점

장점	단점
① 민주성, 대표성 ↑ ② 다양성 ↑ ③ **사회적 형평성**: 수직적 형평성 ④ 내부통제 강화	① 소극적·배경적 대표와 적극적·실질적 대표의 단절 ② 대표성과 영향력의 불균등 ③ 실적주의에 대한 갈등과 행정의 전문성 저해 가능성 ④ 역차별에 의한 사회분열 위험 ⑤ 정치적 중립성의 문제 ⑥ 자유주의 원칙 침해 ⑦ 국민주권의 원리에 위배

Ⅲ. 대표성 확보를 위한 우리나라 인사정책 수단

1. 양성평등채용목표제
2. 장애인의무고용제
3. 여성관리자 임용확대 계획
4. 지역인재추천채용제(2005)
5. 저소득층의 우대
6. 지역할당제
7. **기타**: 취업보호대상자 우대제도, 이공계출신 채용목표제

직업공무원 제도

1. 의의
① 공직을 유능하고 인품 있는 젊은 남녀에게 개방
② 능력에 따라 명예롭게 높은 지위까지 올라갈 수 있는 기회 부여
③ 직업공무원제는 계급제, 폐쇄형임용방식, 일반능력자주의, 종신고용제에 입각한 제도이다.

2. 직업공무원제의 요소
① 학력과 연령 제한
② 실적주의는 직업공무원제의 필요조건이다(직업공무원제는 실적에 의한 인사관리를 필요조건으로 한다).
③ 공직에 대한 높은 사회적 평가
④ 승진기회 보장
⑤ 신분 보장
⑥ 사기와 보람

적극적 인사행정

Ⅰ. 의의
실적주의의 한계를 극복하기 위함

Ⅱ. 방안
1. 적극적 모집
2. 인사권의 분권화
3. 공무원 단체의 허용(공무원 노조)
4. 정치적 임명 허용 & 엽관주의 가미
5. 인간 중심의 인사행정
6. 대표관료제 가미

중앙인사행정기관

Ⅰ. 중앙인사관장기관

> **국가공무원법 제6조【중앙인사관장기관】** ① 인사행정에 관한 기본 정책의 수립과 이 법의 시행·운영에 관한 사무는 다음 각 호의 구분에 따라 관장(管掌)한다.
> 1. 국회는 국회사무총장
> 2. 법원은 법원행정처장
> 3. 헌법재판소는 헌법재판소사무처장
> 4. 선거관리위원회는 중앙선거관리위원회사무총장
> 5. 행정부는 인사혁신처장

Ⅱ. 비독립 단독형(인사혁신처)의 장·단점

장점	단점
• 의사결정의 신속성 • 책임소재의 명확 • 행정수반의 강력한 리더십 발휘	• 신중성과 공정성 확보 곤란 • 안정성 확보 곤란

공직의 분류

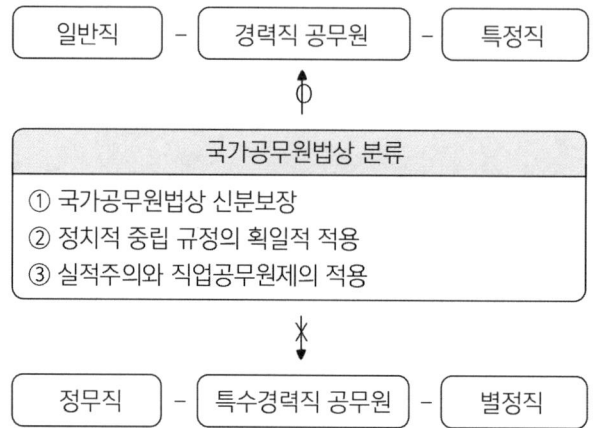

Ⅰ. 경력직 공무원

일반직	특정직
행정일반 또는 기술·연구업무를 담당하는 공무원	• 법관 • 검사(총장) • 경찰(청장) • 교육공무원 • 외무공무원 • 헌법재판소 헌법연구관

Ⅱ. 특수경력직 공무원

정무직	별정직
• 차관급 이상 • 선거로 임용 • 국회 임명 동의를 받은 자	• 국회수석 전문위원 • 국회의원 ─ 보좌관 　　　　　├ 비서관 　　　　　└ 비서

개방형과 폐쇄형 인사

Ⅰ. 의의

1. 개방형

모든 계층의 직위를 불문하고 신규 채용이 허용되는 인사제도로, 미국처럼 직위분류제 채택 국가에서는 개방형의 필요성이 큼

2. 폐쇄형

신규 채용이 최하위 계층에서만 인정되며 내부 승진을 통해 상위 계층으로 올라가는 인사제도로, 계급제에 토대를 두고 있음

Ⅱ. 개방형 직위와 경력 개방형 직위

개방형 직위　　　경력 개방형 직위
↓　　　　　　　　↓
공무원과 민간인　민간인만 지원 가능
모두 지원 가능

직위분류제

Ⅰ. 의의

객관적인 직무 중심, 동일 직렬 내에서만 인사이동 가능

Ⅱ. 구성요소(구조)

1. 직위(position)

한 사람의 근무를 필요로 하는 직무와 책임

2. 직급(class)

직위에 내포되는 직무의 종류와 곤란성·책임도가 상당히 유사한 직위의 군으로 동일한 직급에 속하는 직위에 대해 임용자격·시험·보수 등에서 동일한 취급을 함

3. 직렬(series)

직무의 종류는 유사하나 곤란성·책임도가 상이한 직급의 군

4. 직류

동일한 직렬 내에서 담당 분야가 동일한 직무의 군(직렬의 세분화)

5. 직군(group)

직무의 종류가 유사한 직렬의 군

6. 등급(grade)

직무의 종류는 다르지만 직무의 곤란성·책임도와 자격요건이 유사하여 동일한 보수를 줄 수 있는 모든 직위

7. 직무등급

직무의 곤란성과 책임도가 상당히 유사한 직위의 군으로 고위공무원단 소속 공무원에게 도입된 개념

Ⅲ. 직위분류제 수립 절차

1. 직무조사
2. 직무분석
3. 직무평가
4. 직급명세서 작성
5. 정급

Ⅳ. 직무평가 방법

직무의 비중 결정 방법	직무와 기준표 비교	직무와 직무 비교
비계량적 방법	분류법	서열법
계량적 방법	점수법	요소 비교법(직무와 기준직무)

Ⅴ. 직위분류제의 장·단점

장점	단점
• 보수결정의 합리적 기준 제시 • 적임자 임용·인사배치의 합리적 기준 제시 • 훈련수요의 명확화 • 근무성적평정의 기준 제시 • 권한·책임한계의 명확화 • 행정의 전문화·분업화 촉진 • 예산의 효율성과 행정의 통제 • 계급의식이나 위화감 해소 • 정원관리·사무관리의 개선	• 유능한 일반행정가 양성 곤란 • 인사배치의 신축성 제한 • 공무원의 장기적 능력발전에 소홀 • 신분보장의 위협 • 업무협조·조정 곤란 • 소속감 결여 • 정부 업무의 객관적 분류 곤란

계급제

Ⅰ. 의의

자격, 학력, 능력을 기준으로 계급 분류(사람 중심)

Ⅱ. 특징

1. 계급 간 차별: 계급에 따라 승진 한도 결정

2. 고위 계급의 엘리트화

3. 폐쇄형의 충원

Ⅲ. 계급제 장·단점

장점	단점
• 직업공무원제의 발전 촉진 • 인사배치의 신축성 • 넓은 시야를 가진 유능한 인재 등용 • 행정조정 원활화 • 신분보장의 강화	• 직무급 체계 확립 곤란 • 관료주의화 우려 • 행정의 전문성 저하 • 비합리적 인사관리로 인한 능률 저하 • 계급 간 갈등 소지

고위공무원단 제도(SES)

구분	우리나라
지향	전문 + 일반 행정가
도입	계급 폐지, 직무등급
신분보장	약화

Ⅰ. 의의

직위분류제 & 계급제 조화

Ⅱ. 구성 및 정원관리

1. 실·국장급 이상 국가직 공무원

① ┌ 국가직 공무원 ○
　 └ 지방직 공무원 ×
② **지자체 근무의 예:** 지자체에 근무하는 고위공무원단 소속의 국가직공무원
　　㉠ 광역자치단체 행정부지사
　　㉡ 광역자치단체 행정부시장
　　㉢ 지방교육행정기관 부교육감

2. 계급 폐지, 직무등급 도입

3. 일반직, 별정직, 특정직 중 외무직

4. SES 소속 관리

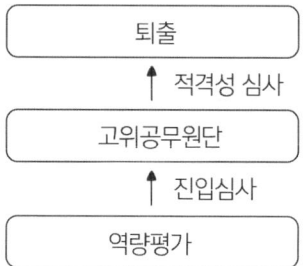

- **역량평가**: 사전에 실시

5. 개방형 직위(20%), 공모직위(30%), 자율공모(50%)

모집

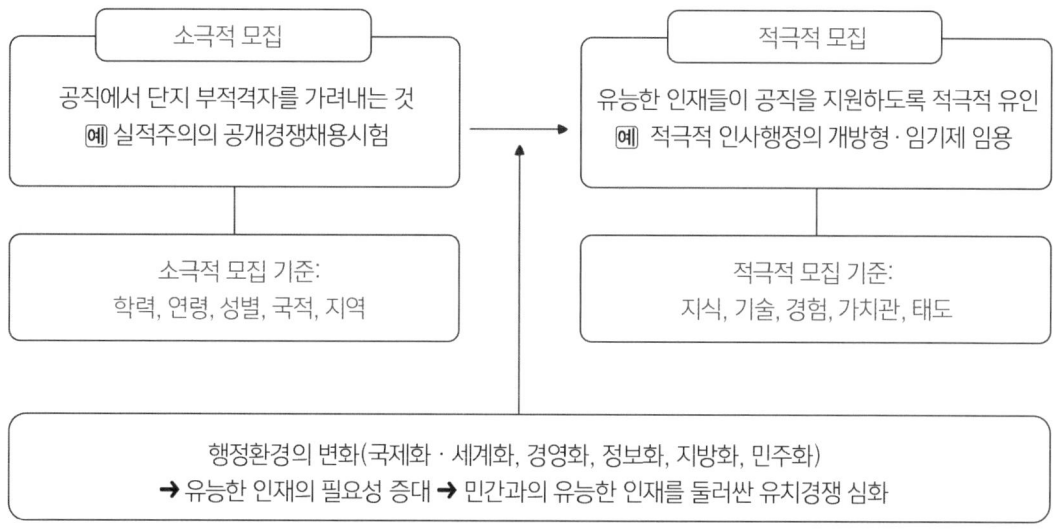

시험

Ⅰ. 타당도

구분	개념	판단 기준	검증 방법
기준 타당도	직무수행에 필요한 능력이나 실적의 예측 여부	시험성적 = 근무성적의 부합 여부	① 예측적 검증(합격자) ② 동시적 검증(재직자)
내용 타당도	특정 직무수행에 필요한 능력요소의 측정 여부	능력요소 = 시험내용의 부합 여부	내용 분석
구성 타당도	직무수행에 필요한 능력 요소와 관련된다고 믿는 이론적 구성요소의 측정 여부	이론적 구성요소 = 시험내용의 부합 여부	논리적 추론

Ⅱ. 신뢰도

측정 결과의 일관성
- 재시험법
- 복수양식법
- 반분법
- 내적일관성법

Plus 보충 내용분석의 예

1. 소방공무원을 선발하고자 할 때 그 직무에 정통한 전문가의 의견을 들어 선발시험의 내용을 구성함
2. 행정직 공무원 선발시험의 내용을 행정학 교수가 구성함

Ⅲ. 객관도

채점의 공정성

Ⅳ. 난이도

변별력

Ⅴ. 실용도

현실에서 실시 가능

임용

1. 채용 후보자 명부에의 등록: 유효기간 2년

2. 시보임용

① 시험제도의 연장
② 초임자의 적응훈련 성격
③ 적용기간: 신규 채용되는 5급 이하 공무원
④ 기간 ┌ 5급: 1년
       └ 6급 이하: 6개월
⑤ 신분보장이 제한적

3. 임용권자
- 국가직 공무원 ┌ 5급 이상과 고위공무원단 소속 공무원은 대통령
              └ 6급 이하는 소속장관
- 지방직 공무원 ┌ 지방자치단체장
              ├ 교육감
              └ 지방의회의장

승진

Ⅰ. 개념

하위 직급 ➜ 상위 직급(계급): 수직적(상향적) 인사이동(9급 ➜ 8급)

Ⅱ. 승진의 중요성

1. 사기 앙양

2. 능력 발전에 기여

3. 직업공무원제의 필수 요건

Plus 보충 승급과 승격 비교

1. **승급**: 등급 내에서 호봉만 올라감(9급 1호봉 ➜ 9급 2호봉)
2. **승격**: 직무등급 간의 상향 이동

▌ 배치 전환

Ⅰ. 의의

수평적 인사이동

Ⅱ. 유형

1. **전보**: 동일한 직급·직렬 내 보직 변경, 시험 ✕
2. **전직**: 직급 수준은 동일, 직렬 변경, 전직 시험 ○(3회 불합격자는 직권 면직)
3. **전입**: 인사관할이 다른 곳, 시험 ○
4. **파견**: 소속 바뀌지 ✕, 타 기관에 일정 기간 근무하다가 복귀
5. **겸임**: 둘 이상의 직위 ➜ 중복 보수 금지

▌ 교육훈련

Ⅰ. 교육훈련 방법

1. 강의식, 주입식 기법

장점	단점
• 일시에 다수 교육 • 시간, 비용 ↓ • 피교육생 사전 준비 필요 ✕	• 실무에 도움 ✕ • 흥미 상실

2. 참여식, 토론식 기법

① 토론, 회의식 기법: 결론을 내리지 못하고 논쟁으로 비화됨
② 사례 연구(case study): 문제 해결 능력 배양
③ 역할연기 방법(role playing): 인간관계 및 고객에 대한 태도 개선에 효과적 ➜ 민원상담 공무원
④ 신디케이트(syndicate): 반을 편성, 분임 토의
⑤ 시뮬레이션: 모의실험

3. 체험식 기법

① 시찰, 견학: 예 수학여행
② 현장훈련(OJT; On the Job Training)
　㉠ 멘토 – 멘티(사수 – 부사수) 1:1
　㉡ 직무현장 이탈 × ┌ 장점: 업무공백 ×
　　　　　　　　　　└ 단점: 사전에 계획된 훈련 불가
③ 감수성 훈련(sensitivity training)

Ⅱ. 교육훈련의 저항요인

소속기관	공무원
• 업무 공백 우려 • 훈련비용 발생	• 장기간 교육훈련 후 복귀 시 보직에 대한 불안감 • 교육훈련 발령을 불리한 인사 조치로 이해하는 경향 • 교육훈련 결과의 인사관리 반영 미흡

근무성적평정

근무성적평가	성과계약평가
• 5급 이하 • 근무실적, 직무수행 능력 • 연 2회	• 4급 이상(SES: 직무성과계약평가) • 성과계약의 달성도 • 연 1회

1. 상사 2人 복수평가

2. 절차

성과면담 ➔ 평정결과 공개 ➔ 이의신청(확인자) ➔ 조정신청(근무성적 평가위원회) ➔ 소청(불가)

Ⅰ. 근무성적평정의 문제점과 착오

1. 연쇄효과

① 후광효과
② 특정 평정요소의 평정결과가 다른 평정요소에 영향을 미치거나 피평정자의 전반적인(막연한) 인상이 평정에 영향

2. ┌ 관대화의 오차: 실제보다 후한 평정
　　└ 엄격화의 오차: 실제보다 열등한 평정

3. **집중화(중심화)의 오차**: 중간점수에 절대 다수가 집중화되는 경향

4. ┌ **규칙적 오차**: 관대화와 엄격화가 규칙적으로 나타남
   └ **총계적 오차**: 관대화와 엄격화가 불규칙적으로 나타남

5. **논리적 오차**: 평정요소 간의 상관관계에 의한 오류 예) 작업량 多 ➜ 숙련도 ↑

6. **상동적 오차**

① 유형화(정형화, 집단화)의 착오
② 편견, 선입견, 고정관념에 의한 오차
③ 성별, 지역, 학교, 연령, 종교 등에 의한 편견 ➜ 출신

7. **시간적 오차**

시간적 오류에는 첫인상 등이 근무성적평정에 영향을 미치는 첫머리 효과(=초두효과)와 최근의 사건이나 실적이 영향을 미치는 근접오류가 있다.

8. **유사오차**: 자기자신과 유사한 성향의 부하에게 후한 점수

9. **대비오차**: 바로 직전의 피평정자와 비교

Ⅱ. 평정 모형(평정 방법)

1. 도표식 평정척도법

① 실무에서 가장 多 ➜ 용이, 간편
② 평정요소의 합리적 선정 곤란
③ 임의적, 주관적, 자의적인 오류

2. 중요사건 기록법

3. 행태기준 척도법(BARS)

① 도표식 평정척도법 + 중요사건 기록법
② 주관성 극복
③ 시간, 비용, 노력 ↑, 어렵고 복잡

4. 행태관찰 척도법(BOS): BARS + 도표식 평정척도법

5. 사실표지법(Check List)

6. 강제배분법[우리나라: S(20%) → A → B → C(10%)]

① 분포비율에 따라 강제로 배치
② 집중화, 관대화, 엄격화 오류 방지

7. 강제선택법

① 리스트 중에서 반드시 골라 표시
② 주관성 극복 연쇄효과 방지

8. 상대평가방법 – 서열법(소규모 조직): 쌍쌍비교법, 대인비교법

▎다면평정(집단평정)

근무성적평정	다면평정
• 상사 • 강행규정	• 상사 / 동료 / 부하 / 민원인 • 임의사항

Ⅰ. 장·단점

장점	단점
• 객관, 공정, 합리, 민주 • 평가 수용 • 능력 발전 • 의사소통 촉진 • 인간관계 개선	• 스트레스 • 절차 복잡 • **담합**: 형평성, 신뢰성, 정확성 ↓ • 포퓰리즘(인기영합주의)

▎직무성과계약평가

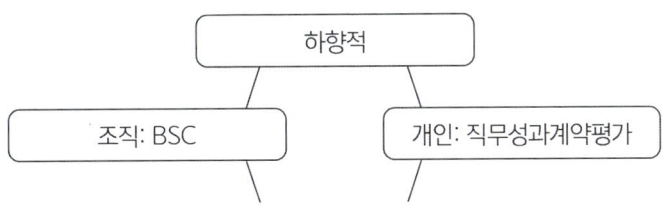

사기

Ⅰ. 사기 양양 방안

1. 고충처리제도

고충처리	인사상담
① 직무상 고충 　㉠ 원칙: 비공식 처리 　㉡ 예외: 공식 처리 ② 인사혁신처: 소청심사위원회가 중앙고충심사위원회 겸함	직무상 + 직무 외

→ <u>고충심사위원회의 결정은 기속력이 없음</u>

2. 제안제도

① 주체: 중·하위직 공무원
② 대상: 예산절감, 행정능률 향상
③ 채택 시 보상
④ 상향적 의사전달

장점	단점
• 능률성 ↑ • 예산 절약 • 직무에 대한 관심	인간관계 저해

3. 유연근무제도

유형		활용방법
탄력 근무제		• 주 40시간 근무하되, 출퇴근시각·근무시간·근무일을 자율 조정
	시차 출퇴근형	• 기본개념: 1일 8시간 근무체제 유지, 출퇴근시간 자율 조정 • 실시기간: 1일 이상 • 신청시기: 당일까지 신청하되, 당일 24시까지 부서장 승인 • 출근유형: 가급적 07:00~10:00까지로 30분 단위로 하되 필요 시 탄력적으로 운영 가능
	근무시간 선택형	• 기본개념: 일 8시간에 구애받지 않음(일 4~12시간 근무), 주 5일 근무 준수 • 실시기간: 1주 이상으로 하되 당일 신청 시 2일 이상 • 신청시기: 당일까지 신청하되, 당일 24시까지 부서장 승인 • 근무가능시간대는 06:00~24:00로 하되 1일 최대 근무시간은 12시간
	집약 근무형	• 기본개념: 일 8시간에 구애받지 않음(일 4~12시간 근무), 주 3.5~4일 근무 • 실시기간: 1주일 이상 • 신청시기: 실시 전일까지 • 근무가능시간대는 06:00~24:00로 하되 1일 최대 근무시간은 12시간 • 정액급식비 등 출퇴근을 전제로 지급되는 수당은 출근하지 않는 일수만큼 감하여 지급
재량 근무형		• 근무시간, 근무장소 등에 구애받지 않고 구체적인 업무성과를 토대로 근무한 것으로 간주하는 근무형태 • 기본개념: 출퇴근 의무 없이 프로젝트 수행으로 주 40시간 인정 • 실시기간: 기관과 개인이 합의 • 신청시기: 수시 • 고도의 전문적 지식과 기술이 필요해 업무수행 방법이나 시간배분을 담당자의 재량에 맡길 필요가 있는 분야
원격 근무형		• 특정한 근무장소를 정하지 않고 정보통신망을 이용하여 근무
	재택 근무형	• 기본개념: 사무실이 아닌 자택에서 근무 • 실시기간: 1일 이상 • 신청시기: 당일까지 신청하되, 당일 24시까지 부서장 승인 • 출근유형: 08:00~10:00 내 조정 가능하며, 1일 근무시간은 4~8시간으로 변동 불가 • 초과근무: 사전에 부서장의 긴급 초과 근무명령을 받은 경우에만 예외적으로 인정
	스마트워크 근무형	• 기본개념: 자택 인근 스마트워크센터 등 별도 사무실에서 근무 • 실시기간: 1일 이상 • 신청시기: 당일까지 신청하되, 당일 24시까지 부서장 승인 • 출근유형: 08:00~10:00 내 조정 가능하며, 1일 근무시간은 4~8시간으로 변동 불가 • 초과근무: 사전에 부서장 승인 시에만 인정

공무원의 보수

Ⅰ. 보수제도의 종류

1. 보수
① 기본급: 봉급
② 부가급: 수당

2. 기본급
① 생활급(연령급): 계급제, 개인의 연령과 가족 상황이 기준
② 직무급
　㉠ 직위분류제, 곤란도, 책임도를 기준(등급): 보수 형평성이 높다.
　㉡ 동일 직무 = 동일 보수의 원칙
③ 직능급: 직무수행능력이 기준
④ 성과급: 연봉제(연봉월액)

정무직	고정급적 연봉제	기본연봉	
고위공무원단	직무성과급적 연봉	기본연봉	기준급
			직무급
		성과연봉: 전년도 성과 기준	
5급 이상	성과급적 연봉제	기본연봉	
		성과연봉: 전년도 성과 기준	

Ⅱ. 보수 수준의 결정 요인

1. 공무원 보수 결정의 기본 원칙
① 대외적 균형(비교성)의 원칙: 사기업의 보수와 균형 ➔ 1차적 기준
② 대내적 균형(상대성)의 원칙: 상하 간 합리적 차등
③ 보수법정주의
④ 중복지급 금지의 원칙
⑤ 직무급의 원칙

2. 보수 수준의 일반적 결정 요인
① 상한선: 재정력이 결정
② 하한선: 생계비가 결정 ➔ 사회윤리적 관점
　㉠ 건강, 품위 유지 수준 ○
　㉡ 최저 생계비 ✕

Ⅲ. 총액인건비제

1. 중앙예산기관(기획재정부)과 정부조직관리기관(행정안전부)이 총정원 & 인건비예산 총액 정함
→ 각 부처가 인력 운영 & 기구 설치에 자율, 책임(→ 성과)

2. 문제점
① 직급 인플레이션 유발
② 재직자 이기주의 유발

3. 기준인건비
① 의의: 지방자치단체는 기구와 정원을 기준인건비를 기준으로 자율성과 책임성이 조화되도록 운영하여야 함
② 기준인건비 제도에서 지자체는 행정안전부에서 제시하는 기준인건비 안의 범위에서 인력 운영에 대해서 자율을 가짐

Ⅳ. 임금피크제

1. **고령화 시대**: 고용 안정

2. 재정부담 경감

3. 조직 신진대사 촉진
→ 한계: 성과 중심의 보수와 무관, 정년 연장의 도구로 악용 우려

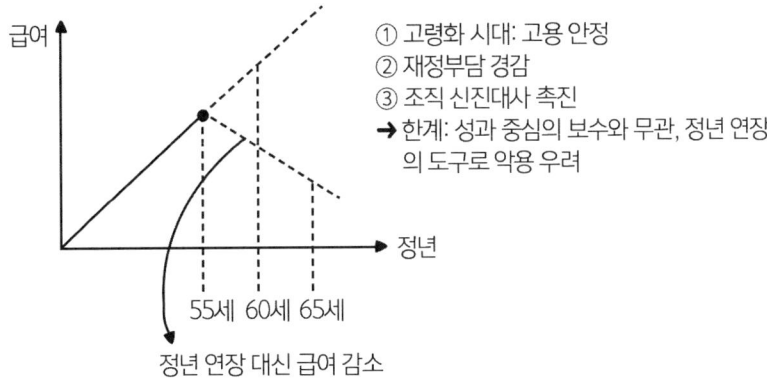

공무원 연금

I. 공무원 연금법

적용 대상	비적용 대상
국무총리, 장관도 공무원 연금법 적용 대상	• 군인: 군인연금법 • 선거직 ┬ 대통령 　　　　├ 국회의원 　　　　├ 지방의원 　　　　├ 교육감 　　　　└ 지방자치단체장

II. 재원조정 방식

1. ┬ 기금제
   └ 비기금제

2. ┬ 기여제: 정부와 공무원이 공동으로 비용 부담
   └ 비기여제: 공무원은 기여하지 않고 국가만 비용 부담

→ 우리나라: 기금제, 기여제

III. 공무원 연금법의 주요 내용

구분	종전	현행
기여율(공무원)·부담률(정부) 인상	기준소득월액의 7%	기준소득월액의 9%
연금지급률 인하	재직기간 1년당 1.9%	재직기간 1년당 1.7%
연금지급개시 연령 연장	• 2009년 이전 임용자 → 60세 지급 • 2010년 이후 임용자 → 65세 지급	임용시기 구분 없이 65세로 단계적 연장
유족연금지급률 하향 조정	• 2009년 이전 임용자: 70% • 2010년 이후 임용자: 60%	전·현직 공무원 모두 60% 적용 • 개정법 시행 이후 유족연금 사유 발생자부터 • 기존 유족연금 수급자는 종전 지급률 유지
분할연금제도 도입	없음	이혼 시 혼인기간에 해당하는 연금액의 2분의 1을 배우자에게 지급
연금수급요건 조정	20년 이상 재직	10년 이상 재직
재직기간 상한 연장	최대 33년까지 인정 → 기여금 납부 및 퇴직급여 산정 재직기간	최대 36년까지 단계적 연장

공직윤리

Ⅰ. 개념

공직윤리 ┌ 개인의 양심적·도덕적·종교적 윤리 ×
　　　　 └ 직무상 윤리 ○
　　　　　　→ 공공신탁의 원리

Ⅱ. 측면

1. **소극적 측면**: 부정부패에 빠지지 않아야 한다.

2. **적극적 측면**: 바람직한 행정인상을 정립해야 한다.

Ⅲ. 법령적·강제적 규제 윤리

1. 공직자윤리법상 의무

① 재산등록 및 공개 의무
　㉠ 등록: 4급 이상 공무원 & 이에 준하는 공직유관단체 임직원
　㉡ 공개: 1급 이상 공무원 & 이에 준하는 공직유관단체 임원
　㉢ 등록 예외: 7급 이상(세무, 회계, 감사, 검찰, 법무, 병무, 경찰, 대민업무 등)의 재산 등록
　㉣ 범위: 본인, 배우자, 직계존속, 비속(시집간 딸은 제외)
② 선물수수 신고, 등록 의무 → 국고로 인도(10만 원 이상, 1백 달러 이상)
③ 이해 충돌 방지 의무
④ 주식 백지 신탁 제도: 직무와 관련된 주식 보유 ×
⑤ 퇴직 공직자 취업 제한
　㉠ 재산등록의 대상자는 퇴직일로부터 3년간 퇴직 전 5년간 소속하였던 부서의 직무와 관련이 있는 사기업체 등에 취업할 수 없다.
　㉡ 예외: 공직자 윤리위원회로부터 퇴직 전 5년 동안 소속하였던 부서업무와 밀접한 관련성이 없다는 확인 또는 승인을 받은 때에는 가능

2. 부패방지 및 국민권익위원회의 설치와 운영에 관한 법률

공직자윤리법	부패방지 및 국민권익위원회의 설치와 운영에 관한 법률
① 고위공직자의 재산등록 및 공개 ② 외국인의 선물 신고, 등록 의무 ③ 퇴직공무원의 취업 제한 ④ 주식백지신탁 의무 ⑤ 이해충돌방지 의무	① 비위면직자의 취업 제한 ② 내부고발자 보호 의무

3. 부정청탁 및 금품등 수수의 금지에 관한 법률

① 적용기관
  ㉠ 국회, 법원, 헌법재판소, 선거관리위원회, 감사원, 국가인권위원회, 중앙행정기관(대통령 소속 기관과 국무총리 소속 기관을 포함한다)과 그 소속 기관 및 지방자치단체
  ㉡ 공직유관단체
  ㉢ 공공기관의 운영에 관한 법률 제4조에 따른 기관
  ㉣ 초·중등교육법, 고등교육법, 유아교육법 및 그 밖의 다른 법령에 따라 설치된 각급 학교 및 사립학교법에 따른 학교법인
  ㉤ 언론중재 및 피해구제 등에 관한 법률 제2조 제12호에 따른 언론사
② 업무총괄: 국민권익위원회
③ 금품의 범위

구분	가액 범위
㉠ 음식물: 제공자와 공직자 등이 함께 하는 식사, 다과, 주류, 음료, 그 밖에 이에 준하는 것	5만 원
㉡ 경조사비: 축의금, 조의금 등 각종 부조금과 부조금을 대신하는 화환, 조화, 그 밖에 이에 준하는 것	• 원칙: 5만 원 • 예외: 화환, 조화는 10만 원 가능

㉢ 선물: 금전 및 ㉠에 따른 음식물을 제외한 일체의 물품, 그 밖에 이에 준하는 것	• 원칙: 5만 원
	• 예외
	  - 농·축·수산물과 화훼는 15만 원
	  - 농·축·수산물이 50% 이상 포함된 가공물은 15만 원
	  - 설, 추석 명절 기간은 예외가액의 2배까지

공직부패

I. 의의

부패 척결은 공직윤리 확립을 위한 소극적 측면(필요조건)
➔ 소극적 윤리: 부패 방지

Ⅱ. 공직부패의 유형

1. ┌ 외부 부패: 관료 – 국민, 뇌물 ➜ 거래형 부패
   └ 내부 부패: 관료 내부, 공금 횡령 ➜ 사기형 부패

2. ┌ 권력형 부패(정치적 부패): 상층부 정치인
   └ 생계형 부패(행정적 부패): 하급 관료

3. ┌ 우발적(일탈형) 부패: 일시적 예) 돈 받고 단속 눈 감아주기
   └ 제도적 부패: 제도화, 문화화된 부패, 조직부패, 내부고발의 등장 배경

   ① 부패가 실질적 규범이 되고 공식적 규범이 예외로 전락
   ② 부패 행위자에 대한 보호와 관대한 처분
   ③ 부패저항자, 폭로자에 대한 제재, 보복
   ④ 지켜질 수 없는 반부패 행동규범의 대외적 표방
   ⑤ 부패 적발의 공식적 책임을 진 사람들은 책무 수행 회피

4. ┌ 흑색 부패: 구성원 모두가 인정, 처벌 원함
   ├ 백색 부패: 처벌을 원하지 않는 부패
   └ 회색 부패: 일부는 처벌 원하고, 일부는 원치 ✕

Ⅲ. 부패를 보는 시각

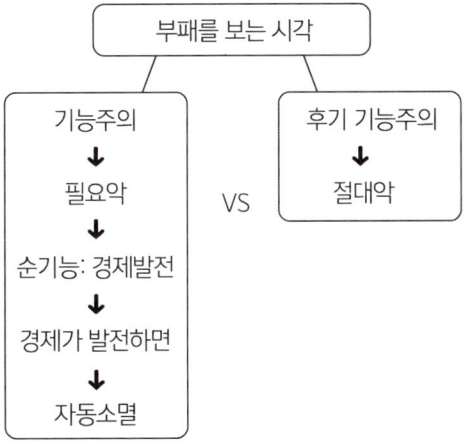

관점	원인	대책
① 개인적, 도덕적	윤리성 부재	행정윤리 강화
② 제도적	㉠ 행정통제 장치 미비 ㉡ 법과 제도의 미비	㉠ 행정통제 강화 ㉡ 법과 제도의 정비
③ 사회, 문화적	지배적 인습(인사문화)	문화의 선진화
④ 체제적	① + ② + ③	① + ② + ③

공무원 단체

Ⅰ. 공무원 노조

┌ 정부조직 ✕
└ 이익집단 ○

1. 단결권
2. 단체교섭권
3. 단체행동권(파업) ➜ 공무원 노조는 인정되지 않음

Ⅱ. 공무원 단체에 대한 찬반 논의

부정설(단점)	긍정설(장점)
• 노사 구분의 곤란 • 공익 & 봉사자 이념에 배치 • 지속성, 안정성 ↓(파업 시 ➜ 파업 인정 ✕)	• 의사전달 수단 • 기본적 권익 보장, 사기 앙양

Ⅲ. 공무원노조와 직장협의회 가입범위

공무원노조	직장협의회
① 일반직공무원 ② 특정직공무원 중 외무영사직렬·외교정보기술직렬 외무공무원, 소방공무원 및 교육공무원(단, 교원은 제외) ③ 별정직공무원 ④ ①에서 ③까지의 어느 하나에 해당하는 공무원이었던 사람으로서 노동조합 규약으로 정하는 사람	① 일반직공무원 ② 특정직공무원 중 외무영사직렬·외교정보기술직렬 외무공무원, 소방공무원, 경찰공무원 ③ 별정직공무원

신분보장

Ⅰ. 공무원의 징계

1. 개념
법령, 규칙, 명령의 위반에 대한 처벌

2. 징계 사유
① 명령에의 위반
② 직무상의 태만, 의무 위반
③ 직장 내외 불문 체면, 위신 손상

3. 종류

구분		내용
경징계	견책	전과에 대하여 훈계하고 회개하는 등 주의를 주는 것으로 인사기록에 남음(6개월간 승급 정지)
	감봉	직무수행은 가능하나 1개월 이상 3개월 이하의 기간 동안 보수의 3분의 1을 감함(12개월간 승급 정지)
중징계	정직	공무원의 신분은 보유하나 1개월 이상 3개월 이하의 기간 동안 직무를 정지시키고 보수 전액을 감함(18개월간 승급 정지)
	강등	공무원의 신분은 보유하나 1계급 아래로 직급을 내리고 3개월간 직무에 종사하지 못하게 하며 보수는 전액을 감함(18개월간 승급 정지)
	해임	강제퇴직의 한 종류로서 공무원직이 박탈됨. 퇴직급여에는 원칙적으로 영향을 주지 않으며 3년간 공무원 재임용이 불가. 단, 공금횡령 및 유용 등으로 해임된 경우에는 퇴직급여의 8분의 1 내지는 4분의 1을 지급제한함
	파면	강제퇴직의 한 종류로서 공무원직이 박탈됨. 5년간 재임용자격이 제한되고 5년 미만 근무자는 퇴직급여의 4분의 1이 삭감되고 5년 이상 근무자는 퇴직급여의 2분의 1을 삭감하여 지급함

4. 징계부가금

공금의 횡령, 유용이나 금품 및 향응 수수 등 금품과 관련된 비위를 저지른 공무원들에게 징계위원회의 의결에 따라 해당 징계 외에 유용, 횡령 등의 금액의 5배 내에서 추가로 징계적 금전을 부과하는 제도

해커스행정사
adm.Hackers.com

제5편

재무행정론

제5편 재무행정론

예산

Ⅰ. 개념

1 회계연도 동안 국가의 수입, 지출의 예정적 계산, 예정계획서

Ⅱ. 예산과 법률의 비교

구분	예산	법률
법적 근거	**예산의결권**: 헌법 제54조	**법률의결권**: 헌법 제53조
제출권	• 예산안 편성권은 정부만 보유 • 예산심의 시 국회는 정부 동의 없이 지출예산 각 항의 금액 증가나 신비목 설치 불가능	법률안은 국회·정부 모두 제출 가능
제출기한	회계연도 개시 120일 전	제한 없음
대통령의 거부권 행사	불가	가능
의사표시의 대상	정부에 대한 재정권 부여의 국회의 의사표시	국민에 대한 국가의 의사표시
효력	일회계연도 → 한시적 효력 발생	법률은 대체로 영속적 효력 발생
효력 발생 시기	국회의 의결로 효력 발생 (정부는 공고만 할 뿐)	국회의 의결 후 정부의 공포로 효력 발생
구속력	• 정부와 국회 간 효력 발생 • 정부에 대한 구속	• 국민과 국민 간 효력 • 쌍방의 권리의무 구속
법규 변경·수정	예산으로 법률 개폐 불가	법률로써 예산 변경 불가

예산의 기능

1. 정치적 기능

정치적 투쟁의 결과물 → 타협, 조정

2. 경제적 기능

① 경제 안정화
② 자원 배분: 시장실패 치유
③ 소득 재분배
➡ ①, ②, ③: 머스그레이브(Musgrave)의 3대 기능
④ 경제성장: 불황을 극복하기 위해 유효수요 창출(경제 대공황 이후 등장)

국가재정법 – 예산의 원칙

1. 제1조

이 법은 국가의 예산·기금·결산·성과관리 및 국가채무 등 재정에 관한 사항을 정함으로써 효율적이고 성과 지향적이며 투명한 재정운용과 건전재정의 기틀을 확립하고 재정운용의 공공성을 증진하는 것을 목적으로 한다.

2. 제16조

① 재정 건전성의 원칙
② 국민 부담 최소화 원칙
③ 재정 성과 원칙
④ 투명성, 국민참여 원칙 ➡ 국민참여예산제도 도입
⑤ 성인지 예산 원칙
⑥ 온실가스감축효과의 평가 및 결과반영의 원칙

정부기업예산법

Ⅰ. 개념

정부기업(양곡, 조달, 우체국 예금사업, 우편사업)에 적용되는 법률: 특별회계

Ⅱ. 특징

1. 발생주의, 복식부기
2. 국회예산 심의

예산의 분류

1. 품목별 분류: 가장 세부적 분류(인건비, 물건비)

장점	단점
• 통제 = 민주 = 책임 • 합법성 추구 • 인사행정에 유용한 정보 • 재량권 남용 방지 • 정치적 저항 방지	• 지출의 목적 알 수 ✕ • 신축성 ↓

2. 조직별 분류: 중간

장점	단점
• 예산심의 용이 • 예산의 유통과정 파악	지출의 목적 알 수 ✕

3. 기능별 분류: 가장 큰 분류(시민을 위한 분류, 세출에만 적용)

장점	단점
• 국민의 이해 용이 • 행정수반의 정책 수립 용이 • 총괄계정에 적합	• 통제 ✕ • 회계 책임이 불명확

4. 경제성질별 분류

장점	단점
예산이 국민 경제에 미치는 영향 파악	• 보조자료, 다른 분류 방법과 반드시 병행 • 고위공무원에게 유용, 일선 공무원에게 유용 ✕ • 경제적 영향 일부만 측정 가능 • 산업 전체의 영향 분석은 가능, 소득 배분 및 산업 부문별 영향 분석 ✕

5. 프로그램 예산

① 의의
  ㉠ 프로그램 예산제도: 프로그램(사업)을 중심으로 예산을 편성하는 제도
  ㉡ 프로그램: 동일한 정책을 수행하는 단위사업의 묶음
② 프로그램 예산은 기존의 품목별 분류체계를 탈피하여 성과를 지향하는 프로그램 중심으로 예산을 분류·운영하는 것
③ 중앙정부는 2007년, 지방정부는 2008년 도입함

④ 프로그램 예산제도에서의 예산과목 체계형

장	관	항	세항	세세항	목	세목
분야	부문	프로그램	단위사업	(세부사항)	편성비목	통계비목
기능별 분류		사업별 분류			품목별 분류	

⑤ 프로그램 예산제도 도입의 효과
  ㉠ 그동안 품목 중심의 투입관리와 통제 중심 재정운영에서 프로그램 중심의 성과, 자율, 책임 중심 재정운영으로 바뀌게 됨
  ㉡ 프로그램 예산 체계 내에 일반회계, 특별회계, 기금이 모두 포괄적으로 표시됨으로써 총체적 재정배분 내용을 파악할 수 있음
  ㉢ 사업관리 시스템이 함께 운용되기 때문에 재정집행의 투명성과 효율성을 제고할 수 있음
  ㉣ 프로그램 예산 체계에서 기능별 분류를 중앙정부와 지방정부 간에 통일시킴으로써 중앙정부와 지방정부 예산의 연계가 가능해짐
  ㉤ 프로그램 중심의 예산은 일반 국민들이 예산사업을 쉽게 이해할 수 있게 됨

예산의 종류

일반회계, 특별회계, 기금 ➔ 법률로써 설치, 예산 액수는 매년 예산 형식으로 의결

Ⅰ. 일반회계 & 특별회계

세입, 세출의 성질에 따른 구분

1. 일반회계

① 조세: 조세 수입 등을 주요 세입으로 하여 국가의 일반적인 세출에 충당하기 위해 설치
② 특징
  ㉠ 주된 세입원은 조세 수입
  ㉡ 단일성, 통일성 원칙 준수

2. 특별회계

① 의의: 국가에서 특정한 사업을 운영하고자 할 때 특정한 세입으로 특정한 세출에 충당하기 위해 일반회계와 별도로 구분하여 회계 처리 ➔ 단일성, 통일성의 예외
② 설치요건
  ㉠ 국가가 특별한 사업을 운영하고자 할 때: 정부기업(양곡, 조달, 우체국)
  ㉡ 기타 특정한 세입으로 특정한 세출에 충당할 때: 목적세
  ㉢ 특별한 자금을 보유하여 운영할 때

③ 특징
   ㉠ 단일성, 통일성의 예외(신축성)
   ㉡ 수입원: 다양성
   ㉢ 국회의 심의 ○

장점	단점
• 정부재정수지의 명확화 • 재정운영의 자율성, 신축성	• 예산구조의 복잡화 • 재정운영의 경직성(특정 세입 ➔ 특정 세출) • 통제 ↓ • 재정팽창의 수단

Ⅱ. 정부기금의 의의

1. 특정한 목적 위해 특정한 자금 ➔ 단일성, 통일성의 예외

2. 세입세출예산 ×, 예산 외로 운용되는 제3의 예산, 법정예산 ×

Ⅲ. 본예산 & 수정예산 & 추경예산

예산의 성립시기에 따른 구분

1. **본예산**: 최초로 성립된 예산

2. **수정예산**: 의결되기 전에 본예산안을 수정하여 제출 ➔ 예산안의 수정

3. 추가경정예산

① 의결 후 예산 수정
   ㉠ 본예산과 별도로 성립
   ㉡ 성립된 후 본예산에 흡수, 통합 ➔ 변경된 본예산
② 특징
   ㉠ 단일성 원칙의 예외(마지막 추경예산 = 최종예산)
   ㉡ 정부는 국회에서 추경예산안 확정 전에 미리 배정, 집행 ×
   ㉢ 추경예산 편성의 제한: 편성사유 명문화 ┌ 재정의 건전성(○)
                                              └ 재정의 효율성(×)
③ 추경예산 편성 사유
   ㉠ 전쟁이나 대규모 재해가 발생한 경우
   ㉡ 경기침체, 대량실업, 남북관계의 변화, 경제협력과 같은 대내·외 여건에 중대한 변화가 발생하였거나 발생할 우려가 있는 경우
   ㉢ 법령에 따라 국가가 지급하여야 하는 지출이 발생하거나 증가하는 경우

Ⅳ. 준예산, 잠정예산, 가예산

1. 예산 불성립[회계연도 개시일(1월 1일)까지 통과되지 않은 경우] 시 대처 방안

가예산	준예산	잠정예산
① 1공화국 채택, 사용 ○ ② 사전의결 준수 ③ 1개월만 사용	① 2공화국 ~ 현재 ② 사전의결 예외 ③ ┌ 사용기간 제한 ✕ 　└ 용도는 제한 ○ 　→ 전년도 예산에 준한다. ④ ┌ 중앙정부는 사용 ✕ 　└ 지방정부는 사용 ○	사전의결 준수

2. 준예산 지출용도

① 헌법, 법률에 의해 설치된 기관, 시설의 유지비, 운영비: 공무원의 보수, 기본 경비
② 법률상 지출의무
③ 이미 예산으로 승인된 계속비

Ⅴ. 통합예산

1. 우리나라의 통합예산

구분	1986 GFSM	2001 GFSM
분석단위	회계단위 (재정기능과 직접 관련된 거래만 포함)	제도단위 (일반정부부문이 수행하는 모든 활동 포함) (TIP) 일반정부부문이란 정부의 고유하고 본질적인 역할을 수행하는 영역으로 정부단위(정부조직)와 공공비영리기관(준정부기관)을 말함. 공기업은 제외됨
통계기록방식	현금주의 (현금의 흐름만 포함)	발생주의 (자산, 부채의 변동 등 경제적 사건 기록)
금융성 기금, 외환평형기금	제외	포함
공공비영리기관	제외	포함
공기업	제외	제외

2. 특징

① 회계 간 전출입 등 내부거래를 공제한 예산순계 개념으로 작성한다.
② 총지출규모

총 지출규모	지출측면	경상지출 + 자본지출 + 융자지출
	수입측면	일반예산 + 특별회계 + 기금 − 내부거래 − 보전거래 ➔ 보전거래: 국내발행, 차입, 채무상환 등 수지차 보전으로서 정부의 재정활동 결과 발생하는 금융활동으로 보아 순수재정활동만을 대상으로 하는 통합재정규모 및 수집의 집계 시 제외된다.

VI. 조세지출예산

1. 조세지출(조세감면)

① 형식은 조세
② 실질은 보조금 ┬ 직접지출(✕)
　　　　　　　　└ 간접지출(◯)

2. 문제점(예산과 비교해서 조세지출의 문제점)

① 경직성 ↑
② 세수의 형평성 문제

3. 특징

① 서독에서 도입
② 중앙, 지방 전면적 도입

VII. 성인지 예산

1. 의의

성주류적 시각, 남녀평등 추구

2. 전제

세입세출예산이 남성과 여성에게 미치는 영향은 서로 다르다고 전제한다.

3. 성인지(성주류)적 관점

① 성중립적 관점은 남녀 간의 획일적 평등 ➔ 소극적·기회의 공평
② 성인지적 관점은 남녀 간의 적극적 공평 ➔ 결과의 공평

4. 도입

호주에서 개념 처음 도입, 우리나라도 도입

5. 관련법령

> 국가재정법 시행령 제9조 【성인지 예산서의 내용 및 작성기준 등】 ② 성인지 예산서는 기획재정부장관이 여성가족부장관과 협의하여 제시한 작성기준(성인지 예산서 작성 대상사업 선정 기준을 포함한다) 및 방식 등에 따라 각 중앙관서의 장이 작성한다.

▮ 예산과정

Ⅰ. 예산주기: 3년 주기의 4단계

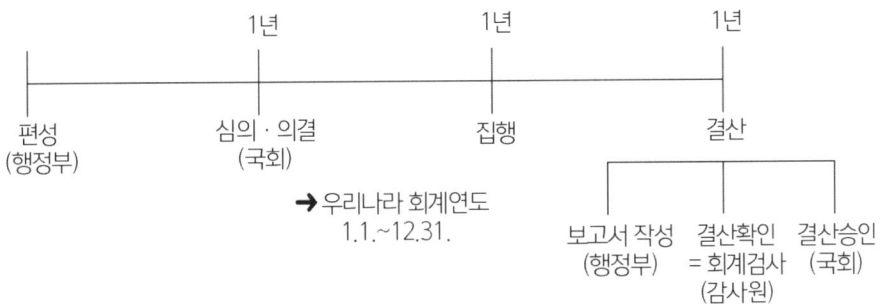

➜ 회계연도: 예산의 유효기간을 말하는 것으로 대부분 국가는 회계연도를 1년으로 책정하고 있음

Ⅱ. 예산과정

1. **합리성**: 자원 배분의 최적화 추구
2. **정치성**: 집단이 자기 이익을 위해 투쟁 ➜ 타협·조정 ➜ 합의

▮ 편성

Ⅰ. 편성과정

총액배분(Top) - 자율편성(Down): 하향적 예산편성 방식

1. 각 중앙관서의 장 ➜ 기획재정부 ➜ 국무회의 보고: 중기사업계획서 제출(총액 요구)

2. 기획재정부 ➡ 각 중앙관서의 장(3.31.)

① 예산안 편성 지침(총액 통보)
② 국회예산·결산특별위원회에도 보고

3. 각 중앙관서장은 예산요구서를 작성·제출 ➡ 기획재정부(5.31.): 예산사정 = 예산협의

4. 정부 ➡ 국회: 회계연도 개시 120일 전까지

Ⅱ. 예산편성 형식 = 예산의 종류

1. 예산총칙
2. 세입세출예산
3. 계속비
4. 명시이월비
5. 국고채무부담행위

Ⅲ. 독립기관: 독립기관의 예산편성도 행정부가 한다.

1. 국회
2. 법원
3. 헌법재판소
4. 중앙선거관리위원회

➡ 국가재정법상 독립기관

▍예산 심의

Ⅰ. 의의

재정 민주주의 발현

Ⅱ. 법정심의기간

1. **정부**: 회계연도 개시 120일 전까지 예산안 제출
2. **국회**: 회계연도 개시 30일 전까지 심의·의결
➡ 법정심의기간: 90일

중앙정부	광역	기초
120일 전	50일 전	40일 전
30일 전	15일 전	10일 전

Ⅲ. 심의절차

1. 국정감사
2. **시정 연설**: 대통령
3. 상임위원회 '예비심사'
4. 예산결산특별위원회 '종합심사'
5. **본회의 의결**: 회계연도 개시 30일 전까지

Plus 보충

1. 예산결산특별위원회

> 국회법 제45조【예산결산특별위원회】① 예산안·기금운용계획안 및 결산(세입세출결산 및 기금결산을 말한다)을 심사하기 위하여 예산결산특별위원회를 둔다.
> ② 예산결산특별위원회의 위원 수는 50명으로 한다. (후략)
> ③ 예산결산특별위원회의 위원의 임기는 1년으로 한다. (후략)

2. 자동상정(부의)제도 및 국회의장 회부 권한
   ① 자동부의제도란, 관련위원회가 예산안 등의 심사를 매년 11월 30일까지 마치지 못한 때에는 그 다음 날에 위원회에서 심사를 마치고 바로 본회의에 부의된 것으로 보는 제도
   ② 국회의장은 예산안을 소관상임위원회에 회부할 때에도 심사기간을 정할 수 있으며, 상임위원회가 이유 없이 그 기간 내에 심사를 마치지 아니한 때에는 이를 바로 예산결산특별위원회에 회부할 수 있음

Ⅳ. 우리나라 예산심의 특징

1. 예산성립

① 법률: 영국, 미국
② 예산의 형식으로 의결: 우리나라

2. 심의

① 위원회 중심(○)
② 본회의 중심(×)

3. 심의권 범위

① 삭제, 삭감: 국회 자유
② 증액, 설치: 행정부 동의 ➔ 가능

4. 상임위 → 예결위
설치·증액: 상임위 동의 필요

예산 집행

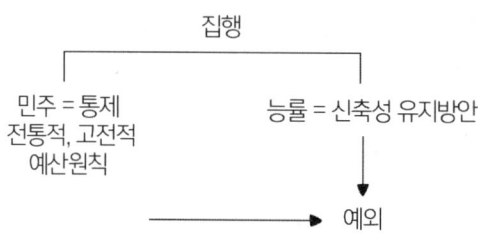

I. 예산의 원칙(고전적 예산원칙)

공개성 원칙	• 예산의 편성·심의·집행 등에 관한 정보를 공개해야 함 • 의회가 예산의 총액만 승인해주는 신임예산, 우리나라의 경우 국정원의 예산은 공개하지 않음
명료성 원칙	• 예산은 모든 국민이 이해할 수 있도록 편성되어야 함 • 예외: 총괄예산, 총액계상예산
엄밀성(정확성) 원칙	예산은 계획한 대로 정확히 지출하여 가급적 결산과 일치해야 함
완전성 원칙 (예산총계주의)	• 모든 수입을 세입으로 하고, 모든 지출을 세출로 함 • 예외: 수입대체경비, 현물출자, 외국차관의 전대, 차관물자대
통일성 원칙	• 특정수입과 특정지출이 연계되어서는 안 되며, 국가의 모든 수입은 일단 국고에 편입되고 여기서부터 모든 지출이 이루어져야 함 • 예외: 특별회계예산, 목적세, 수입대체경비
사전의결 원칙	• 예산은 집행이 이루어지기 전에 입법부에 제출되고 심의·의결되어야 함 • 예외: 준예산, 예비비 지출, 사고이월, 전용
한정성 원칙	예산은 주어진 목적, 금액, 시간에 따라 한정된 범위 내에서 집행되어야 한다는 원칙으로 세 가지 한정성으로 구분됨 • 질적 한정성: 비목 외 사용금지(예외: 이용, 전용) • 양적 한정성: 금액초과 사용금지(예외: 예비비, 추경예산) • 시간적 한정성: 회계연도 독립원칙 준수(예외: 이월, 계속비)
단일성 원칙	• 예산은 가능한 한 단일의 회계 내에서 정리되어야 한다는 원칙 • 예외: 특별회계, 기금, 추경예산

Plus 보충 예산총계주의 원칙의 예외

1. **현물출자(現物出資)**
   동산·부동산·채권·유가증권·특허권 등 금전 이외의 재산에 의한 출자형태를 말한다.
2. **전대차관(轉貸借款)**
   전대차관은 '국내 거주자에게 전대(轉貸)할 것을 조건으로 기획재정부장관을 차주(借主)로 하여 외국의 금융기관으로부터 외화자금을 차입(借入)하는 것'으로서 차관물자대(借款物資貸)와는 구별되는 것이다.
3. **차관물자대**
   '외국의 실물자본을 일정기간 사용하거나 대금결제를 유예하면서 도입하는 차관'을 말한다. 원칙적으로 전대차관은 예산에서 제외되나, 차관물자대는 예산에 계상된다. 차관물자대는 부득이한 사유로 세입예산을 초과하게 되는 때에는 그 세출예산을 초과하여 지출할 수 있다.
4. **수입대체경비**
   각 중앙관서의 장은 용역 또는 시설을 제공하여 발생하는 수입과 관련되는 경비로서 대통령령이 정하는 경비(수입대체경비)에 있어 수입이 예산을 초과하거나 초과할 것이 예상되는 때에는 그 초과수입을 대통령령이 정하는 바에 따라 그 초과수입에 직접 관련되는 경비 및 이에 수반되는 경비에 초과지출할 수 있다(초과수입·초과지출 가능).

재정 통제

1. **배정**: 기획재정부장관이 중앙관서 장에게 예산 배분
2. **재배정**: 중앙관서 장이 산하기관 장에게 예산 다시 배분

예산 집행의 신축성

1. 예산의 과목

장·관·항	세항·목
입법과목	행정과목

2. 이용과 전용

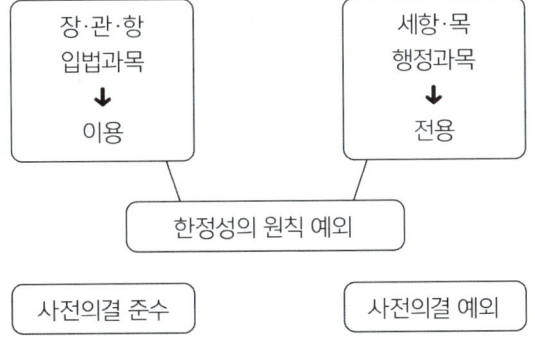

3. 이체 = 한정성의 원칙, 예외

① 의의: 정부조직 등에 관한 법령의 제정, 개정 또는 폐지로 인해 그 직무와 권한에 변동이 있을 때 중앙관서의 장의 요구에 의해 기획재정부장관이 예산의 책임소관을 변경시키는 것을 말한다.
② 예산의 이체는 정부조직 등에 관한 법령의 제정·개정 또는 폐지로 인하여 중앙관서의 직무와 권한에 변동이 있을 때 이루어지는 것으로, 국회의 승인을 필요로 하지 않는다.

4. 이월 = 한정성의 원칙, 예외

① 명시이월: 사전의결 준수, 재이월 ○
② 사고이월: 사전의결 예외, 재이월 ✕
  ┌ 지출 원인 행위 ○: 부득이 집행을 못한 경비
  └ 지출 원인 행위 ✕: 부대 경비

5. 예비비

예측할 수 없는 예산 외의 지출 또는 예산 초과 지출 충당 위함
① 총액: 일반예비비 총액은 일반회계 예산 총액의 1/100, 사전의결 준수
② 구체적인 집행: 사전의결 예외, 한정성 원칙 예외
③ 기획재정부장관이 관리
④ 사용 ✕
  ㉠ 예산 성립 전에 발생한 사유
  ㉡ 국회에서 부결한 용도
  ㉢ 국회 개회 중 대규모 예비비 지출
  ㉣ 공무원의 보수 인상을 위한 인건비 충당

6. 계속비

총액과 연부액을 정하여 미리 국회 의결
① ┌ 사용기한은 원칙적으로 5년 ┐ → 국회 의결 → 연장 가능
   └ 예외적으로 10년   ┘
② 회계연도 독립 원칙의 예외
③ 연부액은 매년 다시 승인

7. 국고채무부담행위

① 법률, 세출예산, 계속비 외에 정부가 채무 부담
② 사전 의결 준수 ┌ 지출권한 ✕
                └ 채무부담권한 ○

지출

겸직 금지 ┌ 지출원인행위(재무관) = 계약
          └ 지출(지출관) = 계좌이체

결산

Ⅰ. 개념

수입, 지출의 실적을 확정적 계수로 표시

Ⅱ. 성격

정치적 성격

1. 위법, 부당한 지출이 발견되어도 무효, 취소 ×
2. 관련 공무원의 개인적 변상, 형사 책임까지 면제되는 것은 아니다.

Ⅲ. 결산과정

출납정리기한(현금출납폐쇄기한)	• 원칙: 12월 31일 • 예외: 1월 15일(한국은행, 체신관서)
출납에 관한 사무(장부정리 마감기한)	다음 연도 2월 10일까지
각 중앙관서의 장이 기획재정부장관에게 중앙관서결산보고서 제출	다음 연도 2월 말까지
기획재정부장관이 국무회의 의결을 거쳐 대통령의 승인을 얻은 국가결산보고서를 감사원에 제출	다음 연도 4월 10일까지
감사원이 기획재정부장관에게 검사한 국가결산검사보고서 제출	다음 연도 5월 20일까지
정부(기획재정부장관)가 국회에 국가결산보고서 제출	다음 연도 5월 31일까지
국회의 결산심의 완료	정기회 개회 전

세계잉여금

1. 세계잉여금의 개념
① 세계잉여금은 1회계연도에 수납된 세입액으로부터 지출된 세출액을 차감한 잔액으로, 결산상 잉여금이라고도 한다.
② 세계잉여금은 ⊙ 초과세입액이 있거나, ⓒ 세출에서 이월액이나 불용액이 있는 경우 발생한다.

2. 세계잉여금의 처리
① 일반회계 예산의 세입 부족을 보전(補塡)하기 위한 목적으로, 해당 연도에 이미 발행한 국채의 금액 범위에서는 해당 연도에 예상되는 초과 조세수입을 이용하여 국채를 우선 상환할 수 있다.
② 회계연도 세입세출의 결산상 잉여금은 교부금의 정산에 사용할 수 있다.
③ 세계잉여금은 공적자금상환기금법에 따른 공적자금상환기금에 우선적으로 출연하여야 한다.
④ 세계잉여금은 각 호의 채무를 상환하는 데 사용하여야 한다.
⑤ 세계잉여금은 추가경정예산안의 편성에 사용할 수 있다.

3. 세계잉여금의 사용 시기
세계잉여금은 결산에 대한 대통령의 승인 시점부터 사용할 수 있다.

정부회계

Ⅰ. 현금주의와 발생주의 비교

구분	현금주의	발생주의
특징	• 현금의 수납 사실을 기준으로 회계계리 • 형식주의 • 단식부기 적용	• 자산의 변동 증감의 발생 사실에 따라 회계계리 • 실질주의 또는 채권채무주의 • 복식부기(기업회계방식) 적용
장점	• 절차와 운용이 간편하고 이해와 통제가 용이 • 현금 흐름(통화부문)에 대한 재정 영향 파악이 용이	• 비용과 편익, 부채규모 등 경영성과 파악이 용이 • 부채규모 파악으로 재정 건전성 확보 가능 • 회계상의 오류 방지 용이
단점	• 기록된 계산의 정확성 확인이 곤란 • 경영성과 측정이 곤란 • 거래의 실질 등 미반영	• 채권·채무 판단 및 감가상각 등에 있어 자의성이 개입될 여지가 있음 • 부실채권 파악이 곤란 • 절차가 복잡 • 통화부문에 대한 재정활동의 영향 파악 곤란

Ⅱ. 정부재무제표의 구성

1. 재무상태표
2. 재정운영표
3. 순자산변동표
4. 현금흐름표

예산제도론

Ⅰ. LIBS, PBS, PPBS, ZBB 비교

LIBS	PBS	PPBS	ZBB
점증	점증	합리	합리
미시	미시	거시	미시
상향	상향	하향	상향
통제	관리	집권	분권

의회와 행정부 / 행정부 내 결정권 소재

Ⅱ. 자원의 희소성

구분	기존 사업	기존 사업 증가분	신규사업	예산제도
완화된 희소성	○	○	○	PPBS
만성 희소성	○	○	×	ZBB
급성 희소성	○	×	×	임기응변
총체적 희소성	×	×	×	반복예산

Ⅲ. 예산제도 변천사

1. 품목별 예산(LIBS) ➔ <u>점증주의</u>

① '통제 지향' = 책임 = 민주
② ┌ 합법성 ○
　　└ 신축성 ×
③ 물건비, 인건비
④ 장·단점

장점	단점
• 통제 ➔ 재량권 남용 방지 • 인건비 ➔ 인사행정에 유용한 정보 • 정치적 이점(비용부담집단 저항 ×)	• 지출목적 알 수 × • 생산성 측정 ×

2. 성과주의 예산(PBS) ➔ <u>점증주의</u>

① 관리, 능률 지향
② 사업과 예산 연계: 사업별 예산편성
　　예) 고속도로 ┌ km: 업무량 측정 단위
　　　　　　　　├ 1억/km: 단위당 원가
　　　　　　　　└ 100km: 업무량
③ 장·단점

장점	단점
• 예산심의 용이 • 신축성 • 관리지향의 예산제도	• 통제 ↓ • 성과단위 산정의 어려움 • 업무량 측정 곤란

3. 계획예산(PPBS) ➔ <u>합리주의</u>

① 장기적 계획과 단년도 예산을 프로그램 작성을 통해 유기적으로 연계
② 미국 연방정부에 도입: 존슨(Johnson) 대통령
③ 장·단점

장점	단점
• 자원 배분의 합리화 • 의사결정의 일원화: 집권 • 계획과 예산의 일치 • 조직의 통합적 운영: 거시 • 최고관리층의 관리수단: 집권	• 성과 계량화(B/C) 어려움 • 의회의 이해 부족 & 의회 지위 약화 가능성 • 제도적 경직성 • 정치적 측면 고려 소홀(경제적 합리성만 고려)

4. 영기준 예산(ZBB) ➜ 합리주의: 점증주의 극복

① 감축 지향
② 중간관리자 참여 ➜ 미시, 분권, 상향
③ 전년도 예산 불인정(zero base)
④ 의사결정 지향성: 감축이라는 의사결정
⑤ 대안 우선순위 중시: B/C
⑥ 장·단점

장점	단점
• 합리적 의사결정, 자원배분 • 경직성 타파, 탄력성 ↑ = 점증주의 예산 낭비 극복 • 구성원의 참여 • 다양성, 신축성	• 업무량 ↑, 시간 및 노력 ↑ • 신규프로그램 개발 곤란 • 우선순위 결정 곤란 • 경직성 경비의 축소·폐지 곤란 • 장기적 안목 결여

⑦ 일몰법 예산과 비교

구분		일몰법	영기준 예산
차이점	성격	법률	예산제도
	과정	예산 심의·통제를 위한 입법과정	예산편성에 관련된 행정과정
	주기	3~7년의 장기	매년
	계층	최상위 계층의 주요정책 심사	중하위 계층 포함
	심사범위	최상위 계층	모든 정책
공통점		• 모든 사업의 지속 여부를 결정하기 위한 재심사 • 기득권 의식을 없애고 자원의 합리적 배분 • 자원난 시대에 대비하는 감축관리의 일환	

자본예산(CBS)

I. 개념

1. **경상계정**: 경상적 지출 = 경상적 수입(조세) ➜ 균형
2. **자본계정**: 자본적 지출(투자) = 국공채 발행 ┌ 단기적 적자
   　　　　　　　　　　　　　　　　　　　　　　└ 장기적 균형

II. 발달

1. 스웨덴
① 1930 경제공황, 실업 극복
② 자본예산 최초로 도입

2. 미국
① 수익자 부담
② 세대 간 형평

III. 본질(이론적 근거)

1. 불경기 극복 수단
2. 국가 순자산 상태의 증감 불변
3. 수익자 부담 원칙
4. 장기적 균형 중시

IV. 장·단점

장점	단점
• 국가재정 구조에 대한 이해 • 자본지출 B/C 분석 • 장기적 • 불황 극복 • 정부의 순자산 상태 변동 파악 • 일관성 있는 조세정책 수립	• 적자 재정 은폐 수단 • 자본재 축적, 공공사업에 치중 = 적자예산 편성의 치중 = 수익사업에의 치중 • 인플레이션 조장의 우려 • 계정 구분의 불명확성

V. 신성과주의 예산(NPB)

산출이나 결과중심의 예산이면서, 국정 전반의 성과관리체제를 강조하여 자율과 책임의 조화를 도모하고자 하는 예산제도이다.

예비타당성 조사와 타당성 조사

I. 예비타당성 조사와 타당성 조사의 비교(윤영진)

구분	예비타당성 조사	타당성 조사
조사주체 및 관계법령	• 기획재정부 • 국가재정법 시행령	• 국토교통부 등 사업기관 • 건설기술 진흥법 시행령 및 국가통합교통체계효율화법에 의한 투자평가지침
조사대상	총사업비가 500억 원 이상이고 국가의 재정지원 규모가 300억 원 이상인 신규사업	• 예비타당성 조사 결과 경제성이 있는 사업 • 총사업비 100~500억 원의 공공교통시설개발 사업(도로·철도·항만 등)

II. 예비타당성 조사와 타당성 조사의 내용

구분	예비타당성 조사 (경제성 분석과 정책적 분석)	타당성 조사 (기술적 분석)
경제성 분석	• 본격적인 타당성 조사 필요성 여부를 판단하기 위한 개략적인 수준에서 조사 • 수요 및 편익 추정 • 비용 추정 • 경제·재무성 평가 • 민감도분석	실제 사업 착수를 위해 더욱 정밀하고 세부적인 수준에서 조사
정책적 분석	• 경제성 분석 이외에 국민경제적·정책적 차원에서 고려되어야 할 사항들을 분석 • 지역경제 파급 효과 • 지역균형개발 • 상위계획과 연관성 • 국고지원의 적합성 • 재원조달 가능성 • 환경성, 추진 의지 등	검토 대상이 아니며, 다만 환경성 등 실제 사업의 추진과 관련된 일부 항목에 대해서는 면밀 조사
기술적 분석	검토 대상이 아니며, 필요 시 전문가 자문 등으로 대체	• 토질조사, 공법분석 등 다각적인 기술성 분석 • 입지·공법 분석 • 현장여건 실사

Ⅲ. 예비타당성 조사 대상 사업

총사업비가 500억 원 이상이고 국가의 재정지원 규모가 300억 원 이상인 신규사업으로서 다음의 어느 하나에 해당하는 사업이다.

1. 건설공사가 포함된 사업
2. 지능정보화 기본법의 공공지능정보화 추진에 따른 지능정보화 사업
3. 과학기술기본법의 국가연구개발사업의 추진에 따른 국가연구개발사업
4. 그 밖에 사회복지, 보건, 교육, 노동, 문화 및 관광, 환경보호, 농림해양수산, 산업·중소기업 분야의 사업

주민참여예산제도

Ⅰ. 의의

주민이 예산편성 등 예산과정에 참여(제도운용이 법적 의무화)

Plus 보충 국민참여예산제도

1. 국민이 예산사업의 제안, 우선순위 결정 과정에 참여함으로써 재정운영의 투명성 제고와 국민의 예산에 대한 관심 제고
2. 국가예산 편성에도 국민의 의사를 직접 반영
3. 제도운용이 법적 의무

Ⅱ. 주민참여의 방법

지방자치단체의 장은 제1항의 규정에 의하여 수렴된 주민의견을 검토하고, 그 결과를 예산과정에 반영할 수 있음
→ 주민의 의견은 참고사항이며, 법적 의무로 반영하는 것은 아님

Ⅲ. 도입과정

1. 브라질 포르투알레그리시에서 최초 도입
2. 2003년 광주광역시 북구에서 도입

adm.Hackers.com

해커스행정사
adm.Hackers.com

제6편

지식정보화 사회와 환류론

제6편 지식정보화 사회와 환류론

▌행정정보화가 행정에 미칠 영향

Ⅰ. 조직구조에 미칠 영향

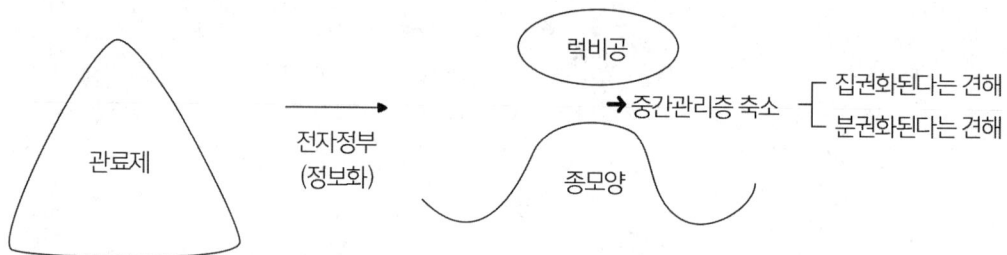

1. 고객지향적 행정
① 창구서비스의 종합화, 일원화(one-stop 서비스)
② 행정 서비스의 다양화
③ 행정 서식의 표준화

2. 정보화의 순기능과 역기능

순기능	역기능
• 모자이크 민주주의 • 모뎀 민주주의	• 전자 전제주의(telefascism) • 팬옵티콘(panopticon) • 빅브라더상

3. 보편적 서비스: 정보격차 해소
① 접근성: 장소, 소득, 신체조건 등에 상관없이 접근 가능
② 활용가능성: 누구든지 활용 가능(시각 장애인)
③ 훈련과 지원: 교육으로 인터넷 활용 능력 배양
④ 유의미한 목적성: 개인적, 사회적 의미 ┌ 국민, 고객 ○
　　　　　　　　　　　　　　　　　　 └ 국가, 정부 ×

⑤ 요금의 저렴성: 경제적 이유로 인한 이용 배제 방지

산업 사회	정보화 사회
시장실패 ↓ 부의 불평등 ↓ 소득 재분배	마타이(마태) 효과 ↓ 정보 격차 ↓ 보편적 서비스: 정부가 구축

Ⅱ. 전자정부의 역기능

인포데믹스 (infodemics)	정보(information)와 전염병(epidemics)의 합성어로, 정보 확산으로 인한 부작용으로 추측이나 뜬소문이 덧붙여진 부정확한 정보가 인터넷이나 휴대전화를 통해 전염병처럼 빠르게 전파됨으로써 개인의 사생활 침해는 물론 경제, 정치, 안보 등에 치명적인 영향을 미치는 것
집단극화 (group polarization)	집단의 의사결정이 개인의 의사결정보다 더 극단적인 방향으로 이행하는 현상인데 인터넷 공간에서는 정치적·이기적 극단주의자들에 의하여 네티즌들이 쉽게 동원·조작됨으로써 집단극화의 가능성을 높이게 됨
선택적 정보접촉 (selective exposure to information)	정보의 범람 속에서 유리한 정보만을 선별적으로 취하는 행태
정보격차 (digital divide)	인터넷을 이용하는 사람과 그렇지 않은 사람들 간에 정보접근능력의 차이로 인하여 발생하는 혜택의 격차

전자정부

Ⅰ. 전자정부의 유형과 모델

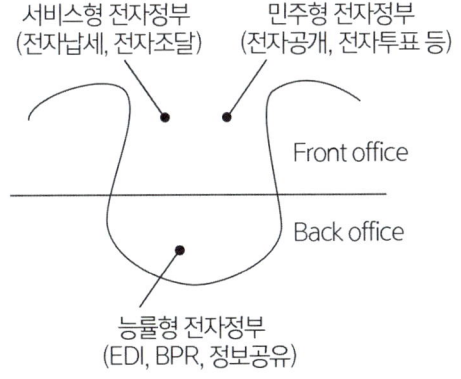

Ⅱ. 전자정부의 구현 및 운영원칙

1. 국민편익 증진(관료편익 ✕)
2. 행정 업무 혁신 & 생산성, 효율성
3. 정보시스템의 안정성, 신뢰성 확보
4. 개인정보 & 사생활 보호
5. 행정 정보의 공개, 공동 이용의 확대
6. 중복투자 방지
7. 정보기술 아키텍처(설계도) 기반
8. **행정기관 확인**: 민원인에게 요구 ✕
9. 당사자 의사 존중

Ⅲ. 대민전자정부(G2C 또는 G2B) 사례

1. 우리나라의 전자정부 사례로는 G2C(Government to Customer)나 G2B(Government to Business)가 있다.

2. 정부가 국민이나 기업을 상대로 전자상거래 내지는 전자적 소통을 하는 것이다.
   ① G2C: 정부 24·국민신문고
   ② G2B: 전자조달 나라장터·전자통관시스템

3. 온-나라 시스템
   ① 정부 내부의 업무처리 전산화 시스템으로 G2G에 해당한다.
   ② 행정업무의 효율성을 제고하고 비용 절감을 위해 정부가 수행하는 모든 업무를 체계적으로 분류하고, 온라인상에서 실시간으로 업무를 처리하는 전산시스템이다.
   ③ 행정안전부가 전자정부의 일환으로 구축하여 주관하고 있으며, 핵심은 정부 내부의 과제관리와 문서관리에 있다.

> **지능정보화 기본법** 지능정보사회 종합계획을 3년 단위로 수립하여야 한다.
> **전자정부법 및 동법 시행령**
> 1. 전자정부법 제5조 【전자정부기본계획의 수립】 ① 중앙사무관장기관의 장은 5년마다 전자정부기본계획을 수립하여야 한다.
> 2. 전자정부법 시행령 제53조 【기본계획의 내용 등】 ① 행정안전부장관은 정보기술아키텍처를 체계적으로 도입하고 확산시키기 위한 기본계획을 3년 단위로 수립하여야 한다.

Ⅳ. 전자정부법상 용어정리(제2조)

1. '전자정부'란 정보기술을 활용하여 행정기관 및 공공기관(이하 '행정기관 등'이라 한다)의 업무를 전자화하여 행정기관 등의 상호 간의 행정업무 및 국민에 대한 행정업무를 효율적으로 수행하는 정부를 말한다.

2. '행정정보'란 행정기관 등이 직무상 작성하거나 취득하여 관리하고 있는 자료로서 전자적 방식으로 처리되어 부호, 문자, 음성, 음향, 영상 등으로 표현된 것을 말한다.

3. '정보자원'이란 행정기관 등이 보유하고 있는 행정정보, 전자적 수단에 의하여 행정정보의 수집·가공·검색을 하기 쉽게 구축한 정보시스템, 정보시스템의 구축에 적용되는 정보기술, 정보화예산 및 정보화인력 등을 말한다.

4. '정보기술아키텍처'란 일정한 기준과 절차에 따라 업무, 응용, 데이터, 기술, 보안 등 조직 전체의 구성요소들을 통합적으로 분석한 뒤 이들 간의 관계를 구조적으로 정리한 체제 및 이를 바탕으로 정보화 등을 통하여 구성요소들을 최적화하기 위한 방법을 말한다.

5. '정보시스템'이란 정보의 수집·가공·저장·검색·송신·수신 및 그 활용과 관련되는 기기와 소프트웨어의 조직화된 체계를 말한다.

Ⅴ. 기존 전자정부와 스마트정부 비교

구분		기존 전자정부(~2010년)	스마트정부(2011년~)
국민	접근 방법	PC만 가능	스마트폰, 태블릿 PC, 스마트TV 등 다매체 활용
	서비스	공급자 중심의 획일적 서비스	• 개인별 맞춤형 통합 서비스 • 개방을 통해 국민이 직접 원하는 서비스 개발·제공
	민원 신청	• 개별 신청 • 동일 서류도 복수 제출	1회 신청으로 연관 민원 일괄 처리
	수혜 방식	국민이 직접 자격 증명 신청	정부가 자격 요건 확인·지원
공무원	근무 위치	지정 사무실(PC)	시간·위치 무관(스마트워크센터 또는 모바일오피스)
	위기	사후 복구(재난)	사전 예방 및 예측

VI. 지능형 전자정부

구분	전자정부	지능형 전자정부
정책결정	정부 주도	국민 주도
행정업무	행정 현장: 단순업무 처리 중심	행정 현장: 복합문제 해결 가능
서비스 내용	생애주기별 맞춤형	일상 틈새 + 생애주기별 비서형
서비스 전달방식	온라인 + 모바일 채널	수요 기본 온·오프라인 멀티채널

VII. 4차산업혁명

의의		3차산업혁명을 기반으로 물리적·가상적·생물학적 영역의 융합을 통해 사이버 물리시스템을 구축
특징	초연결성	사람 – 사람, 사물 – 사물, 사람 – 사물 등 인간생활의 모든 영역을 연결(사물인터넷 IoT)
	초지능성	방대한 빅데이터 분석으로 인간생활의 패턴 파악
	초예측성	초연결성·초지능성을 토대로 미래를 정확히 예측
3차산업혁명과의 차이		3차산업혁명의 연장선상에 있지만 기술발전의 속도와 범위, 시스템적 충격이라는 측면에서 3차산업혁명과는 비교할 수 없는 전반적인 문화 혁명

지식행정관리

I. 지식의 유형

암묵지	형식지
• 언어로 표현하기 힘든 주관적 지식 • 은유를 통한 전달(대화, 학습공동체) 예 경험, 노하우	• 언어로 표현 가능한 객관적 지식 • 언어를 통한 전달(데이터 마이닝) → 기존의 데이터에서 새로운 데이터 꺼내는 것 예 컴퓨터 매뉴얼, 프로그램, 보고서, 데이터 마이닝

Ⅱ. 특징

기존 행정관리		지식 행정관리
-		① 개인의 전문적 자질
계층구조	↔	② 학습조직 기반 구축
중복활용	↔	③ 지식은 조직 공동재산 ➜ 공동이용(그레샴 법칙)
-		④ 지식가치의 확대 재생산
의사소통의 공식화	↔	⑤ 의사소통의 활성화

행정책임

1. 행정통제를 통해 확보

2. 일정한 기준 준수

① 명문의 규정 ○: 법
② 명문의 규정 ×: 공익, 이념, 윤리

3. 입법국가와 행정국가의 비교

입법국가	행정국가
• 정치행정이원론 • 소극적, 단순 • 환경 안정	• 정치행정일원론 • 행정이 재량권 보유 • 자원배분권 행사 • 적극적, 복잡, 전문성 • 환경 급변
↓ 외재적 책임 ∥ 객관적 책임 ∥ 제도적 책임 ↓ 소극적 책임 (파이너가 강조)	↓ 내재적 책임 ∥ 자율적 책임 ∥ 주관적 책임 ↓ 적극적 책임 (프리드리히가 강조)

Ⅰ. 옴부즈만

구분		스웨덴의 옴부즈만	우리나라의 국민권익위원회
차이점	조직 소속	의회 소속	행정부 소속(국무총리 소속)
	통제 유형	외부통제	내부통제
	직무상 독립성	있음	합의제 방식으로 독립성을 가지지만 미흡
	법적 근거	헌법상 기관(헌법에 설치하도록 규정됨)	법률상 기관(부패방지 및 국민권익위원회의 설치와 운영에 관한 법률)
	조사 방식	• <u>원칙인 신청에 의한 조사도 가능</u> • 예외적 직권 조사도 가능	• <u>원칙인 신청에 의한 조사만 가능</u> • 예외적인 직권 조사는 인정 안 됨
유사점	통제 방식	공식적 통제	
	조사 사항	위법(합법성 심사)한 사항 + 부당(합목적성 심사)한 사항	

	조사 결과의 처리	• 법원에 의한 것보다는 신속하고 저렴한 비용으로 처리할 수 있음
		• 직접적 통제권은 없고 간접적 통제권만 지님
		  → 이빨 없는 감시견(watchdog without teeth: teethless watchdog)
		• 시정·개선 조치 및 징계의 권고나 요구만 가능
		  → 직접 시정·개선 조치를 하지 못함(취소·무효·철회권 없음)	

Ⅱ. 행정 통제의 유형

외부통제 (민주통제· 타율통제)	공식통제	• **입법통제**: 법률제정, 예산의결, 국정조사·감사, 탄핵소추, 결산승인, 해임건의, 임명동의권, 인사청문회 • **사법통제**: 법원의 행정소송과 명령·규칙 위헌심사, 헌법재판소의 헌법소원심판과 탄핵심판 • **옴부즈만**: 위법·부당한 사항에 대한 신속·저렴한 해결, 간접적 통제권만 가짐
	비공식통제	민중통제: 선거, 투표, 정당, 이익집단, NGO, 언론, 여론, 정책공동체

내부통제
(관리통제·
자율통제)
	공식통제	① 통제주체별
		    ㉠ 행정수반(대통령), 감사기관(감사원 – 결산검사), 행정심판위원회(행정심판), 감독기관, 감독자(헤드십)
		    ㉡ 교차행정조직에 의한 통제: 인사혁신처(인사권), 기획재정부(예산권), 국무총리실(심사평가)
		② 통제대상별: 운영통제, 감찰통제, 정책·기획통제, 요소별 통제(법제, 정원·인사, 회계, 물자 통제), 절차통제(보고·지시)

	비공식통제	공직윤리(행정윤리), 직업윤리, 기능적·전문적 책임, 비공식조직, 공무원단체, 대표관료제, 내부고발

행정개혁

Ⅰ. 접근방법

구조적 접근방법	원칙적으로 행정체제의 구조적 설계를 개선함으로써 행정개혁의 목표를 달성하려는 접근방법 • **원리 전략**: 최적 구조가 최적 수행을 초래한다는 조직의 건전 원칙에 의거하여 기능 중복의 제거, 책임의 재규정, 조정 및 통제 절차의 개선, 표준적 절차의 간소화 등을 강조 • **분권화 전략**: 구조의 분권화에 의해 조직을 개선하려는 것으로서 공식적 조직뿐만 아니라 관리자의 행태와 의사결정까지도 포함하는 종합적인 성격
과정적 (관리·기술적) 접근방법	• 행정체제 내의 과정 또는 일의 흐름 그리고 거기에 결부된 기술을 개선하려는 접근방법 • 과학적 관리법을 이론적 배경으로 하여 문서의 처리절차, 업무량 측정, 정원관리, 사무실 배치, 행정사무의 기계화, 자동화, 새로운 행정기술·장비를 도입하거나 관리과학, OR, 체제분석, 컴퓨터(EDPS, MIS) 등의 계량화 기법을 활용하는 것
행태적 접근방법	• 조직발전(OD) 혹은 인간중심적 접근방법 • 행태과학의 지식과 기법을 활용하여 조직의 목표에 개인의 성장의욕을 결부시킴으로써 조직을 개혁하려는 접근방법
종합적 접근방법	어느 경우든지 하나의 접근방법으로 하나의 행정개혁 전반을 다루기는 어려우므로, 외적인 환경에 따라 담당자가 개방체제 관념에 입각하여 개혁대상의 구성요소들을 보다 포괄적으로 관찰하고 여러 가지 분화된 접근방법들을 통합하여 해결방안을 탐색하려는 접근방법

Ⅱ. 저항 극복 방법

강제적 방법	공리·기술적 방법	규범·사회적 방법
1. 명령(상급자의 권한 행사) 2. 신분상의 불이익 처분이나 물리적 제재 3. 의식적인 긴장의 조성 4. 권력구조 개편에 의한 저항집단의 세력 약화 등	1. 경제적 손실에 대한 보상 2. 조직 축소의 경우 신분과 보수를 유지해 준다는 약속 3. 개혁이 가져올 가치와 개인적 이득의 실증(혹은 홍보) 4. 개혁의 시기조절 5. 개혁안의 명확화와 공공성 강조 6. 방법의 적응성 있는 운영 등	1. 개혁 지도자의 신망 또는 카리스마 제고와 솔선수범 2. 의사전달과 참여의 촉진(원활화) 3. 사명감 고취와 역할인식 강화 4. 적응지원(개혁에 적응하는 데 필요한 시간의 충분한 허용과 불만을 노출시키고 해소할 수 있는 기회 제공) 5. 가치 갈등의 해소(개혁의 가치와 기존 가치의 양립 가능성 강조) 등

해커스행정사
adm.Hackers.com

제7편

지방행정론

제7편 지방행정론

지방자치의 개념과 특징

Ⅰ. 지방행정의 3대 요소

1. 지역(구역)

2. 주민

3. 자치권

① 자치 입법권
② 자치 행정권
③ 자치 조직권
④ 자치 재정권

(TIP) 우리나라는 자치사법권을 인정하지 않는다.

Ⅱ. 지방행정의 특징

1. 자치행정
2. 지역행정
3. 생활행정(급부행정)
4. 대화행정(일선행정)
5. **종합행정**: 중앙행정은 부문행정(국방부, 환경부 등)
6. 비권력적 행정

지방자치의 본질과 가치 - 주민자치와 단체자치 비교

구분	주민자치	단체자치
자치의 의미	정치적 의미(민주주의 사상)	법률적 의미(지방분권 사상)
자치권의 인식	자연법상의 천부적 권리 (고유권설 = 지방권설)	실정법상 국가에 의해 주어진 권리 (전래설 = 국권설)
자치의 중점	지방자치단체와 주민과의 관계	지방자치단체와 국가와의 관계
자치의 범위	광범	협소
권한배분의 방식	개별적 지정주의	포괄적 위임주의
중앙통제의 방식	입법적·사법적 통제	행정적 통제
지방정부의 형태	기관통합형(의결기관 우월주의)	기관대립형(집행기관 우월주의)
사무구분	자치사무와 국가위임사무 비구분 (위임사무 부존재)	자치사무와 국가위임사무 구분
조세제도	독립세주의	부가세주의
중앙·지방 간 관계	기능적 협력관계	권력적 감독관계
위법행위 통제	사법재판소	행정재판소
자치단체의 성격	단일적 성격 (지방정부)	이중적 성격 (자치단체인 동시에 국가의 하급기관)
주요 국가	영국, 미국 등	독일, 프랑스 등 대륙계 국가

지방자치의 변천과 역사

Ⅰ. 지방자치의 변천

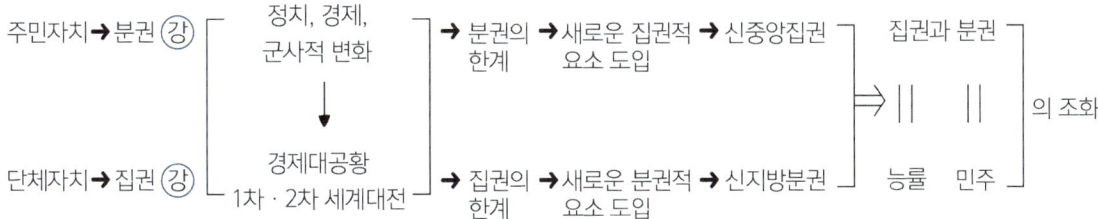

① 신중앙집권: 권력적 집권이 아닌 비권력적, 기능적, 협력적 집권
② 신지방분권: 권력적 분권이 아닌 비권력적, 기능적, 협력적 분권

Ⅱ. 집권적 성향을 촉진하는 요인

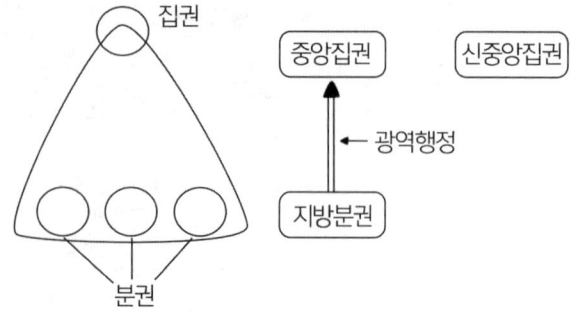

1. 규모의 경제
2. 외부효과의 발생
3. 교통, 통신 발전 ➡ 생활권 확대
4. 국민적 최저수준
5. 위기 발생

Ⅲ. 정부별 지방분권 추진기구

정권	법률	추진기구
김대중	중앙행정권한의 지방이양 촉진에 관한 법률(1999)	지방이양추진위원회
노무현	지방분권특별법(2004)	정부혁신 지방분권위원회
이명박	• 지방분권촉진에 관한 특별법(2008) • 지방행정체제 개편에 관한 특별법(2010)	• 지방분권촉진위원회 • 지방행정체제개편추진위원회
박근혜	지방분권 및 지방행정체제 개편에 관한 특별법(2013)	대통령 소속의 지방자치발전위원회
문재인	지방자치분권 및 지방행정체제 개편에 관한 특별법	대통령 소속의 자치분권위원회
윤석열 및 현 정부	지방자치분권 및 지역균형발전에 관한 특별법	대통령 소속의 지방시대위원회

지방자치단체의 종류

구분		지방자치단체	지방행정기관(일선기관)
유형 (목적별)	보통 (일반)	[보통 지방자치단체] ① 광역(상급·2차)자치단체: 특별시, 광역시, 도, 특별자치도, 특별자치시 ② 기초(하급·1차)자치단체: 시, 군, 자치구 (자치구는 광역시·특별시에 설치)	[보통 지방행정기관] 국가의 지방행정기관으로서 광역시·특별시·도, 시·군·자치구 및 행정구(= 일반구, 인구 50만 명 이상의 시에 설치)·읍·면·동·리
	특별	지방자치법상 [특별지방자치단체]	[특별지방행정기관] 세무서 등
특성		자치권, 법인격(당사자능력) 있음	자치권, 법인격(당사자능력) 없음

TIP 1. 제주특별자치도와 세종특별자치시에는 특별법상 기초자치단체를 둘 수 없다.
2. 전북특별자치도와 강원특별자치도는 기초자치단체를 둔다.

지방자치단체의 계층구조

Ⅰ. 단층제와 중층제

단층제	중층제 ➜ 우리나라
국가 | 기초	국가 | 광역 | 기초

Ⅱ. 중층제의 장·단점

장점	단점
• 기초와 중앙자치단체 간 업무 분업 • 중간자치단체가 기초단체 기능 보완 • 국가의 감독기능 유지 가능(중간단체에 감독 기능 부여) • 민주주의 원리 확산(국가의 직접적 개입 ×)	• 행정 기능 중첩, 이중 행정 우려(번문욕례) • <u>상하 지자체 간 책임 모호</u> • 지체, 낭비, 비능률 • 지역적 특성 무시 우려 예 농촌 무시(인구 수 ↓)

지방자치단체의 구역

Ⅰ. 구역획정 방식

도농통합형(광역시에 군을 편입) ➔ 우리나라

Ⅱ. 자치구역의 조정, 변경

구분	광역시·특별시·도, 시·군·자치구	일반구, 읍·면·동
명칭·구역 변경	① 법률로 정하되 관할구역 경계변경과 한자명칭 변경은 대통령령으로 정함	당해 자치단체의 조례로 정하고, 그 결과를 특별시장·광역시장·도지사에게 보고
폐치·분합	② 이 경우 주민투표를 실시한 경우가 아니면, 관계 지방의회의 의견을 들어야 함	행정안전부장관의 승인을 얻어 당해 자치단체의 조례로 정함
사무소 소재지 변경	당해 자치단체의 조례(당해 지방의회의 재적의원 과반수의 찬성 필요)로 정함	

특별지방행정기관(일선기관)

Ⅰ. 개념

- 국가의 하부행정기관 ○
- 지방자치단체 ✕

Ⅱ. 필요성(장점)

1. 전국적 통일업무 수행(통일성)
2. 전문성
3. 광역적 업무수행(광역행정 용이)

주민참여

I. 조례 제정 및 개폐 청구제도(주민발안)

> **주민조례발안에 관한 법률 제1조 【목적】** 이 법은 지방자치법 제19조에 따른 주민의 조례 제정과 개정·폐지 청구에 필요한 사항을 규정함으로써 주민의 직접참여를 보장하고 지방자치행정의 민주성과 책임성을 제고함을 목적으로 한다.
> **제2조 【주민조례청구권자】** 18세 이상의 주민으로서 다음 각 호의 어느 하나에 해당하는 사람(공직선거법 제18조에 따른 선거권이 없는 사람은 제외, 이하 '청구권자'라 한다)은 해당 지방자치단체의 의회(이하 '지방의회'라 한다)에 조례를 제정하거나 개정 또는 폐지할 것을 청구(이하 '주민조례청구'라 한다)할 수 있다.
> 1. 해당 지방자치단체의 관할 구역에 주민등록이 되어 있는 사람
> 2. 출입국관리법 제10조에 따른 영주(永住)할 수 있는 체류자격 취득일 후 3년이 지난 외국인으로서 같은 법 제34조에 따라 해당 지방자치단체의 외국인등록대장에 올라 있는 사람
>
> **제4조 【주민조례청구 제외 대상】** 다음 각 호의 사항은 주민조례청구 대상에서 제외한다.
> 1. 법령을 위반하는 사항
> 2. 지방세·사용료·수수료·부담금을 부과·징수 또는 감면하는 사항
> 3. 행정기구를 설치하거나 변경하는 사항
> 4. 공공시설의 설치를 반대하는 사항

II. 주민감사청구 제도

청구주체	지방자치단체의 18세 이상 주민으로 광역시·특별시·도는 300명, 50만 이상 대도시는 200명, 시·군·자치구는 150명을 초과하지 않는 범위 내에서 당해 자치단체의 조례로 정하는 수 이상의 연서
청구객체	• 특별시·광역시·도 ➡ 주무부서 장관 • 시·군·자치구 ➡ 특별시장·광역시장·도지사
청구사안	당해 자치단체와 그 장의 권한에 속하는 사무의 처리가 법령에 위반되거나 공익을 현저히 해하는 경우
청구제외 사항	• 수사나 재판에 관여하게 되는 사항 • 개인의 사생활 침해의 우려가 있는 사항 • 다른 기관에서 감사하였거나 감사 중인 사항(단, 다른 기관에서 감사한 사항이라도 새로운 사항이 발견되거나 중요사항이 감사에서 누락된 경우나 주민소송 대상이 되는 경우 청구 가능) • 동일한 사항에 대해 제13조의5 제2항(주민소송 방식)의 어느 하나에 해당하는 소송이 계속 중이거나 그 판결이 확정된 사항 • 청구 대상이 되는 사무의 처리가 있었던 날 또는 종료된 날부터 3년 경과 시 감사청구 못함
처리	청구 수리일로부터 60일 이내에 감사청구된 사항의 감사를 종료하고 감사 결과를 청구인의 대표자와 당해 지방자치단체장에게 통지하고 공표함

III. 주민소송(납세자 소송)

1. 의의

감사청구한 주민은 감사결과 등에 불복이 있는 경우, 그 감사청구한 사항과 관련있는 위법한 것에 대해 지방자치단체장을 상대로 주민소송 제기 가능

2. 주민소송의 대상

재정에 관한 사항

3. 소송수계 제도

소송 제기한 주민이 사망하거나 자격상실한 때에는 다른 주민이 수계 가능(6개월 이내)

4. 문제점

① 주민감사전치주의
② 간접소송: 소를 제기하라는 소송

IV. 주민투표

> **주민투표법 제5조【주민투표권】** ① 18세 이상의 주민 중 제6조 제1항에 따른 투표인명부 작성기준일 현재 다음 각 호의 어느 하나에 해당하는 사람에게는 주민투표권이 있다. 다만, 공직선거법 제18조에 따라 선거권이 없는 사람에게는 주민투표권이 없다.
> 1. 그 지방자치단체의 관할 구역에 주민등록이 되어 있는 사람
> 2. 출입국관리 관계 법령에 따라 대한민국에 계속 거주할 수 있는 자격(체류자격변경허가 또는 체류기간연장허가를 통하여 계속 거주할 수 있는 경우를 포함한다)을 갖춘 외국인으로서 지방자치단체의 조례로 정한 사람
>
> **제7조【주민투표의 대상】** ① 주민에게 과도한 부담을 주거나 중대한 영향을 미치는 지방자치단체의 주요 결정사항은 주민투표에 부칠 수 있다.
> ② 제1항에도 불구하고 다음 각 호의 어느 하나에 해당하는 사항은 주민투표에 부칠 수 없다.
> 1. 법령에 위반되거나 재판 중인 사항
> 2. 국가 또는 다른 지방자치단체의 권한 또는 사무에 속하는 사항
> 3. 지방자치단체가 수행하는 다음 각 목의 어느 하나에 해당하는 사무의 처리에 관한 사항
>   가. 예산 편성·의결 및 집행
>   나. 회계·계약 및 재산관리
>
> **제8조【국가정책에 관한 주민투표】** ① 중앙행정기관의 장은 지방자치단체를 폐지하거나 설치하거나 나누거나 합치는 경우 또는 지방자치단체의 구역을 변경하거나 주요시설을 설치하는 등 국가정책의 수립에 관하여 주민의 의견을 듣기 위하여 필요하다고 인정하는 때에는 주민투표의 실시구역을 정하여 관계 지방자치단체의 장에게 주민투표의 실시를 요구할 수 있다. 이 경우 중앙행정기관의 장은 미리 행정안전부장관과 협의하여야 한다.

제9조【주민투표의 실시요건】① 지방자치단체의 장은 다음 각 호의 어느 하나에 해당하는 경우에는 주민투표를 실시할 수 있다. 이 경우 제1호 또는 제2호에 해당하는 경우에는 주민투표를 실시하여야 한다.
  1. 주민이 제2항에 따라 주민투표의 실시를 청구하는 경우
  2. 지방의회가 제5항에 따라 주민투표의 실시를 청구하는 경우
  3. 지방자치단체의 장이 주민의 의견을 듣기 위하여 필요하다고 판단하는 경우
⑥ 지방자치단체의 장은 직권에 의하여 주민투표를 실시하고자 하는 때에는 그 지방의회 재적의원 과반수의 출석과 출석의원 과반수의 동의를 얻어야 한다.
제18조의2【전자적 방법에 의한 투표·개표】① 제18조에도 불구하고 지방자치단체의 장은 다음 각 호의 어느 하나에 해당하는 경우에는 중앙선거관리위원회규칙으로 정하는 정보시스템을 사용하는 방법에 따른 투표(이하 이 조에서 '전자투표'라 한다) 및 개표(이하 이 조에서 '전자개표'라 한다)를 실시할 수 있다.
  1. 청구인대표자가 요구하는 경우
  2. 지방의회가 요구하는 경우
  3. 지방자치단체의 장이 필요하다고 판단하는 경우
제24조【주민투표결과의 확정】① 주민투표에 부쳐진 사항은 주민투표권자 총수의 4분의 1 이상의 투표와 유효투표수 과반수의 득표로 확정된다.

V. 주민소환

1. 의의

선출직 지방 공무원을 소환, 임기 중 직위 박탈, 민주성, 책임성 ↑

2. 대상자 & 요건

① 광역자치단체장(교육감): (유권자 총수의) 10% 이상
② 기초자치단체장: (유권자 총수의) 15% 이상
③ 지방의회의원(비례대표의원 제외): (유권자 총수의) 20% 이상

3. 확정

유권자 총수의 1/3 이상 투표, 투표자 과반수 찬성
→ 1/3 미만일 경우, 개표 ×, 부결 처리

4. 확정 효력

① 그 즉시 직을 상실
② (당해) 보궐선거 출마 금지

5. 청구제한 기간

① 임기 개시일로부터 1년
② 임기 만료일로부터 1년
③ 주민소환투표 실시한 날로부터 1년

6. 불복

① 소청: 14일 이내
② 소송: 10일 이내
③ 재투표: 20일 이내

▌자치권 – 자치입법권

구분	조례	규칙
의의	지방자치법 제28조【조례】① 지방자치단체는 법령의 범위에서 그 사무에 관하여 조례를 제정할 수 있다. 다만, 주민의 권리 제한 또는 의무 부과에 관한 사항이나 벌칙을 정할 때에는 법률의 위임이 있어야 한다. 제34조【조례 위반에 대한 과태료】① 지방자치단체는 조례를 위반한 행위에 대하여 조례로써 1천만 원 이하의 과태료를 정할 수 있다.	지방자치법 제29조【규칙】지방자치단체의 장은 법령 또는 조례의 범위에서 그 권한에 속하는 사무에 관하여 규칙을 제정할 수 있다.
제정권자	지방의회	지방자치단체장, 기타 집행기관, 교육감(교육·학예 분야)
사무범위	• 자치사무, 단체위임사무에 대하여 규정 가능 • 기관위임사무는 원칙적으로 규정 못 함(집행기관에게 위임된 사무이므로 의결기관인 지방의회는 관여할 수 없는 것이 원칙)	자치사무, 단체위임사무, 기관위임사무를 불문하고 지방자치단체의 장의 권한에 속하는 모든 사항에 관하여 제정 가능
한계	기초자치단체 조례는 광역자치단체의 조례·규칙을 위반해서는 안 됨	기초자치단체 규칙은 광역자치단체의 조례·규칙을 위반해서는 안 됨

지방자치단체의 사무

구분	자치사무(고유사무)	단체위임사무	기관위임사무
의의	주민복리 증진과 자치단체 존립과 관련된 본래적 사무	국가나 타 지방자치단체가 지방자치단체에 개별 법령에 의해 위임한 사무	국가나 상급지방정부가 지방자치단체장 또는 집행기관에게 위임한 사무
예	쓰레기 처리, 학교, 공원 등	보건, 재난구호 징수 위임	근로기준 설정, 의사, 약사 면허 등 多
사무성질	지방적 이해를 갖는 사무	지방 + 국가적 이해관계 (개별적인 법적 근거 필요)	국가적 이해관계 (상급기관 → 하급기관)
경비부담	지방자치단체가 부담, 국가보조 가능	일부 국가가 부담	전액 국가가 보조
배상책임	지방책임	국가, 지방 공동 책임	국가책임
지방의회의 관여	가능	가능	원칙: 불가능
중앙정부의 감독 & 통제범위	① 자치사무는 사후적 위법성만 통제 ② 단체위임사무는 사후적으로 위법, 부당도 통제 ③ 기관위임사무는 사전(예방), 사후(교정) 통제 모두 가능		

TIP 중앙정부는 자치사무에 대해서는 ┌ 법령을 위반사항에 대해서 감사 / 조사 / 통제할 수 있다.
　　　　　　　　　　　　　　　　 └ 공익을 현저히 해하는 것은 감사 / 조사 / 통제할 수 없다.

지방자치단체의 기능 배분

Ⅰ. 기능(사무) 배분의 원칙

1. 기초단체 우선의 원칙 = 보충성 원칙

① 소극적 보충
　㉠ 기초와 광역 간 업무 충돌 → 기초 우선
　㉡ 중앙과 광역 간 업무 충돌 → 광역 우선
② 적극적 보충: 여건 마련 먼저, 재원, 인적, 물적 자원 먼저 넘겨줘야 한다.

2. 종합성의 원칙

일선기관보다는 지방행정이 종합적으로 이루어지는 자치단체에 사무를 배분하는 것이 좋음

3. 지방자치법 제11조

> **지방자치법 제11조【사무배분의 기본원칙】** ① 국가는 지방자치단체가 사무를 종합적·자율적으로 수행할 수 있도록 국가와 지방자치단체 간 또는 지방자치단체 상호 간의 사무를 주민의 편익증진, 집행의 효과 등을 고려하여 서로 중복되지 아니하도록 배분하여야 한다.
> ② 국가는 제1항에 따라 사무를 배분하는 경우 지역주민생활과 밀접한 관련이 있는 사무는 원칙적으로 시·군 및 자치구의 사무로, 시·군 및 자치구가 처리하기 어려운 사무는 시·도의 사무로, 시·도가 처리하기 어려운 사무는 국가의 사무로 각각 배분하여야 한다.
> ③ 국가가 지방자치단체에 사무를 배분하거나 지방자치단체가 사무를 다른 지방자치단체에 재배분할 때에는 사무를 배분받거나 재배분받는 지방자치단체가 그 사무를 자기의 책임하에 종합적으로 처리할 수 있도록 관련 사무를 포괄적으로 배분하여야 한다.

지방자치단체의 기관 구성

1. 지방의회(의결기관): 의결권

① 조례의 제정 및 개폐: 법령의 범위 내에서 제정
② 예산, 결산 승인
③ 법령에 규정된 것을 제외한 사용료, 수수료, 분담금, 지방세, 가입금 부과·징수
④ 청원의 수리와 처리: 지방의회 의원의 소개를 얻어 청원서 제출(단독 ×)

2. 자치단체의 장(집행기관): 장의 우월적 권한

① 재의요구권: 장은 20일 이내 재의요구를 함
    ㉠ 사유 ─ 조례안에 이의
            ─ 지방의회의 의결이 월권, 위법, 부당
            ─ 지방의회의 의결에 집행할 수 없는 경비 포함
            ─ 주무부장관 또는 시·도지사가 재의 요구 지시
    ㉡ 재의결 정족수: 재적과반수 출석, 출석 2/3 이상 찬성
② 제소권 ─ 법령을 위반 ○, 부당 ×
         ─ 20일 이내 대법원 제소
③ 선결처분권
    ㉠ 선결처분은 지방의회에 지체 없이 보고하여 승인 얻어야 함
    ㉡ 승인 얻지 못하면 그때부터 효력 상실

3. 신분 비교

우리나라는 지방의회의 장에 대한 불신임권과 장의 의회해산권을 인정하지 않는다.

구분	지방의원	자치단체장
① 신분	정무직	정무직
② 임기	4년	4년
③ 연임 제한	×	○(3회)
④ 보수	유급직(수당)	유급직(연봉)
⑤ 영리행위 제한	약함	강함
⑥ 겸직 금지 규정	○	○
⑦ 정당 공천	○	○

→ 불신임 ×
해산권 × ←

4. 의결기관과 집행기관의 관계

① 지방자치법상: 기관 대립형

②
> 지방자치법 제4조 【지방자치단체의 기관구성 형태의 특례】 ① 지방자치단체의 의회(이하 '지방의회'라 한다)와 집행기관에 관한 이 법의 규정에도 불구하고 따로 법률로 정하는 바에 따라 지방자치단체의 장의 선임방법을 포함한 지방자치단체의 기관구성 형태를 달리할 수 있다.
> ② 제1항에 따라 지방의회와 집행기관의 구성을 달리하려는 경우에는 주민투표법에 따른 주민투표를 거쳐야 한다.

정부 간 관계 – 라이트(D. S. Wright)의 정부 간 관계 모형

구분	내용
협조권위형(분리형)	• 연방정부와 주정부는 명확한 분리하에 상호독립적·완전자치적으로 운영되고 지방정부는 주정부에 종속된 이원적 관계 • 연방정부와 주정부는 상호경쟁적 관계 • Home rule의 원칙과 관련됨
포괄권위형(포함형)	• 연방정부가 주정부와 지방정부를 완전히 포괄하는 종속관계 • 강력한 계층제적 통제 • 게임이론 • 딜런의 법칙과 관련됨
중첩권위형(중첩형)	• 연방정부와 주 및 지방정부가 각자 고유한 영역을 가지면서 동시에 동일한 관심과 책임영역을 지니는 상호의존적 관계 • 정부 기능의 연방·주·지방정부에 의해 동시적 작용 • 자치권과 재량권의 제한적 분산 • 협상·교환관계(재정적 상호협조와 경쟁관계)

우리나라의 분쟁조정제도

중앙 – 지방정부 분쟁	지방정부 상호 간 분쟁
국무총리 소속 행정협의조정위원회	① 동일 광역 내 기초 간 분쟁: 시·도지사 소속의 지방자치단체 지방분쟁조정위원회(예 서울시 관악구 vs 서울시 동작구) ② 나머지: 행정안전부장관 소속의 지방자치단체 중앙분쟁조정위원회(예 서울시 관악구 vs 경기도 안양시, 경남 vs 전남)

① 신청 ○, 직권 ×
② 조정결정사항을 이행하지 않더라도 강제시킬 수 없음
   ┌ 직무상 이행명령 ×
   └ 대집행 ×
③ 실질적 구속력 없다.
	① 신청 ○, 직권 ○
	   ㉠ 서면으로 관계 지자체 장에게 통보
	   ㉡ 지자체 장은 조정결정사항 이행
	   ㉢ 이행하지 않을 경우
	② 직무상 이행명령
	③ 대집행: 대신집행 후 비용 강제 징수
	④ 실질적 구속력이 있다.

광역행정 – 우리나라의 광역행정 현황

1. 사무위탁
사무의 일부를 위탁하는 것

2. 행정협의회
사무의 일부를 공동으로 처리하기 위한 협의회

3. 지방자치단체조합(연합)
하나 또는 둘 이상의 사무를 공동으로 처리하기 위해 규약을 정하여 지방의회의 의결을 거쳐 설치

4. 전국적 협의체
① 광역자치단체장 협의체
② 기초자치단체장 협의체
③ 의회의장 협의체

> **Plus 보충** 지방자치단체조합 설립
> 1. 시·도는 행정안전부장관, 시·군 및 자치구는 시·도지사의 승인
> 2. 다만, 조합구성원인 시·군 및 자치구가 2개 이상의 시·도에 걸치는 조합은 행정안전부장관의 승인

지방세 – 지방세의 원칙

1. 재정수입 측면

① 충분성의 원칙
② 보편성의 원칙
③ 안정성의 원칙: 일정하게 걷어야 한다. 자산(재산) 과세 ➜ 주로 지방세
④ 신장성의 원칙: 호황이면 多 걷어야 한다. 소득, 소비 과세 ➜ 주로 국세
⑤ 신축성(탄력성)의 원칙 ➜ 우리나라: 조세법률주의(신축성이 매우 낮음)

2. 주민부담 측면

① 부담분임의 원칙: 모든 주민이 나누어 분담 ➜ 주민세
② 응익성(편익성)의 원칙
③ 효율성의 원칙
④ 부담 보편(평등성, 형평성)의 원칙

- 국세: 응능
- 지방세: 응익

지방 재정의 본질과 체계

Ⅰ. 우리나라 지방세의 체계

지방세(11세목)

1. 보통세(9개)

2. 목적세(2개): 광역자치단체만 부과

① 지방교육세(교육세는 국세)
② 지역자원시설세

구분		도세	시·군세	특별시·광역시세	자치구세
지방세	보통세	취득세 등록면허세 레저세 지방소비세	주민세 재산세 자동차세 담배소비세 지방소득세	취득세 주민세 자동차세 담배소비세 레저세 지방소비세	등록면허세 재산세
	목적세	지방교육세 지역자원시설세	–	지방교육세 지역자원시설세	–

Ⅱ. 지방재정의 구성체계

일반세입 (일반회계세입)	자주재원	지방세	① 보통세와 목적세 ② 특별시·광역시세, 도세, 시·군세, 자치구세	
		세외수입	사용료, 수수료, 예금이자, 재산임대수입, 징수교부금, 사업장수입	경상적 세외수입
			재산매각수입, 융자금회수, 잡수입, 과년도수입, 이월금, 전입금, 기부금, 부담금	임시적 세외수입
	의존재원	지방교부세	보통교부세: 재정력지수(기준재정수입액/기준재정수요액)가 1 이하인 자치단체에 교부	
			부동산교부세: 종합부동산세 전액을 교부	
			특별교부세: 기준재정수요액으로는 산정할 수 없는 특별한 재정수요 발생 시 교부	
			소방안전교부세 ① 재난 및 안전관리를 위한 특별한 재정수요 발생 시 교부 ② 재원은 담배에 부과되는 개별소비세 총액의 100분의 45 + 정산액	
		국고보조금	교부금, 부담금, 장려적 보조금	
공익세입(특별회계세입)			교육특별회계, 기업특별회계, 기타특별회계	

지방채

1. **원칙**: 지방의회 의결로 발행

2. **예외**: 행정안전부장관 사전 승인 + 지방의회 의결

① 외채발행
② 한도초과
③ 지방자치단체조합이 지방채를 발행할 경우

> **지방재정법 제11조 【지방채의 발행】** ② 지방자치단체의 장은 제1항에 따라 지방채를 발행하려면 재정 상황 및 채무 규모 등을 고려하여 대통령령으로 정하는 지방채 발행 한도액의 범위에서 지방의회의 의결을 얻어야 한다. 다만, 지방채 발행 한도액 범위더라도 외채를 발행하는 경우에는 지방의회의 의결을 거치기 전에 행정안전부장관의 승인을 받아야 한다.
> ③ 지방자치단체의 장은 제2항에도 불구하고 대통령령으로 정하는 바에 따라 행정안전부장관과 협의한 경우에는 그 협의한 범위에서 지방의회의 의결을 얻어 제2항에 따른 지방채 발행 한도액의 범위를 초과하여 지방채를 발행할 수 있다. 다만, 재정책임성 강화를 위하여 재정위험수준, 재정 상황 및 채무 규모 등을 고려하여 대통령령으로 정하는 범위를 초과하는 지방채를 발행하는 경우에는 행정안전부장관의 승인을 받은 후 지방의회의 의결을 받아야 한다.

지방교부세와 국고보조금

구분	지방교부세	국고보조금
용도	기본 행정수요 경비에 충당	국가시책 및 목적사업 경비
근거	지방교부세법	보조금 관리에 관한 법률
재원	① 내국세의 19.24%와 종합부동산세총액 ② 담배에 부과되는 개별소비세 총액의 100분의 45	국가의 일반회계 또는 특별회계 예산
성격	일반재원, 의존재원(공유적 독립재원)	특정재원, 의존재원
비도제한	제한 없음(특별교부세는 예외), 재량성 많음	엄격(사업별 용도 지정), 재량성이 거의 없음
배정방식	재정부족액(법정기준)	국가시책 및 계획과 정책적 고려
기능	재정형평화	자원배분기능
지방비부담	없음(정액보조)	있음(대부분 정률보조)

보조금 관리에 관한 법률 제4조【보조사업을 수행하려는 자의 예산 계상 신청 등】① 보조사업을 수행하려는 자는 매년 중앙관서의 장에게 보조금의 예산 계상(計上)을 신청하여야 한다.

제6조【중앙관서의 장의 보조금 예산 요구】① 중앙관서의 장은 보조사업을 수행하려는 자로부터 신청받은 보조금의 명세 및 금액을 조정하여 기획재정부장관에게 보조금 예산을 요구하여야 한다. 이 경우 제5조에 따른 보조사업의 경우에는 보조금의 예산 계상 신청이 없더라도 그 보조금 예산을 요구할 수 있다.

제10조【차등보조율의 적용】① 기획재정부장관은 매년 지방자치단체에 대한 보조금 예산을 편성할 때에 필요하다고 인정되는 보조사업에 대하여는 해당 지방자치단체의 재정 사정을 고려하여 기준보조율에서 일정 비율을 더하거나 빼는 차등보조율을 적용할 수 있다. 이 경우 기준보조율에서 일정 비율을 빼는 차등보조율은 지방교부세법에 따른 보통교부세를 교부받지 아니하는 지방자치단체에 대하여만 적용할 수 있다.

지방재정력 평가

Ⅰ. 재정자립도

1. 공식

$$\frac{\text{자주재원}}{\text{자치단체 예산규모}} \times 100(\%)$$

① 자주재원: 지방세, 세외수입
② 의존재원: 지방교부세, 국고보조금, 조정교부금
③ 지방채
④ 자치단체 예산규모: ① + ② + ③

2. 문제점

① 재정규모와의 무관성
② 세출구조의 미고려
③ 지방교부세 효과의 미고려: 재정자립도 악화
④ 특별회계 제외

Ⅱ. 재정자주도

1. 공식 1

$$\frac{\text{지방세 + 세외수입 + 지방교부세}}{\text{자치단체 예산규모}} \times 100$$

2. 공식 2

$$\frac{\text{지방세 + 세외수입 + 지방교부세 + 조정교부금}}{\text{자치단체 예산규모}} \times 100$$

지방공기업

Ⅰ. 개념 및 목적

지방자치단체가 직접 설치·경영하거나 법인을 설립하여 경영하는 기업을 말하며, 그 경영을 합리화함으로써 지방자치의 발전과 주민복리의 증진에 이바지함을 목적으로 함

Ⅱ. 유형

지방직영기업 (조례로 설립)		지방자치단체가 직접경영 • 행정기관 • 공무원신분
간접경영 (법인)	지방공사 (조례로 설립)	지방자치단체가 전액 또는 50% 이상 출자(외국인 포함, 민간출자 허용) • 행정기관이 아님 • 직원도 공무원신분이 아님
	지방공단 (조례로 설립)	전액 지방자치단체 출자(민간출자 불용) • 행정기관이 아님 • 직원도 공무원신분이 아님

Ⅲ. 경영평가 및 지도

행정안전부장관은 제3조에 따른 지방공기업의 경영 기본원칙을 고려하여 대통령령으로 정하는 바에 따라 지방공기업에 대한 경영평가를 하고, 그 결과에 따라 필요한 조치를 하여야 한다. 다만 행정안전부장관이 필요하다고 인정하는 경우에는 지방자치단체의 장으로 하여금 경영평가를 하게 할 수 있다(지방공기업법 제78조).

해커스행정사
adm.Hackers.com

부록

지방자치법 전부개정 주요 내용

부록 지방자치법 전부개정 주요 내용

I. 획기적인 주민주권 구현

분야	개정 전	현행
목적규정 (제1조)	목적규정에 주민참여에 관한 규정 없음	목적규정에 '주민의 지방자치행정에 참여에 관한 사항' 추가
주민참여권 강화 (제17조)	주민의 권리 제한적 ① 지방자치단체 재산과 공공시설 이용권 ② 균등한 행정의 혜택을 받을 권리 ③ 참정권	주민의 권리 확대: 주민생활에 영향을 미치는 정책결정 및 집행과정에 참여할 권리 신설
주민조례 발안제 도입 (제19조)	단체장에게 조례안 제정, 개·폐 청구	의회에 조례안을 제정, 개·폐 청구 가능 (별도법 제정)
주민감사 청구인 수 하향조정 (제21조)	서명인 수 상한 ① 시·도 500명 ② 50만 이상 대도시 300명 ③ 시·군·구 200명	상한 하향조정 ① 시·도 300명 ② 50만 이상 대도시 200명 ③ 시·군·구 150명
청구권 기준 연령 완화 (제21조)	19세 이상 주민 청구 가능	조례발안, 주민감사, 주민소송 18세 이상 주민 청구 가능
지방자치단체 기관구성 형태 다양화 (제4조)	기관분리형(단체장 - 지방의회)	주민투표를 거쳐 지방의회와 집행기관의 구성 변경 가능(기관분리형·통합형 등) *추후 여건 성숙도, 주민요구 등을 감안하여 별도법 제정 추진

Ⅱ. 역량강화와 자치권 확대

분야	개정 전	현행
사무배분 명확화 (제11조)	지방자치법에 국가·지방 간 사무배분 원칙 및 준수의무 등 미규정(지방분권법에서 규정)	① 보충성, 중복배제, 포괄적 배분 등 사무배분 원칙 규정 ② 사무배분 기준에 대한 국가와 지방자치단체의 준수의무 부과
국제교류·협력 근거 신설 (제10장)	규정 없음	국제교류·협력 및 국제기구 지원, 해외사무소 운영근거 마련
자치입법권 보장 강화 (제28조)	조례의 제정범위 침해 관련 미규정	법령에서 조례로 정하도록 위임한 사항에 대해 법령의 하위법령에서 위임내용·범위를 제한하거나 직접 규정하지 못하도록 규정
특례시 및 지방자치단체 특례 부여 (제198조)	규정 없음	① 100만 이상은 특례시로 하고, ② 행정수요·지역균형발전 등을 고려하여 대통령령에 따라 행정안전부장관이 정하는 시·군·구에 특례 부여 가능
지방의회 인사권 독립 (제103조)	의회 사무처 소속 사무직원 임용권은 단체장 권한 ※ 지방공무원법에 따라 임용권의 일부를 지방의회의 사무처장 등에 위임 가능	지방의회 소속 사무직원 임용권을 지방의회 의장에게 부여
정책지원 전문인력 도입 (제41조)	규정 없음 ※ 제주특별법에 따라 제주도만 의원정수 2분의 1 범위에서 정책연구위원 운영(21명)	모든 지방의회에서 의원정수 2분의 1 범위에서 정책지원전문인력 운영 가능 ※ 단, 2023년까지 단계적 도입
지방의회 운영 자율화 (제5장)	회의 운영 방식 등 지방의회 관련 사항이 법률에 상세 규정	조례에 위임하여 지역 특성에 맞게 정하도록 자율화

Ⅲ. 책임성과 투명성 제고

분야	개정 전	현행
정보공개 확대 (제26조)	지방자치단체 정보공개 의무·방법 등 미규정	① 의회 의정활동, 집행부 조직·재무 등 정보공개 의무·방법 등에 관한 일반규정 신설 ② 정보플랫폼 마련으로 접근성 제고
의정활동 투명성 강화 (제74조)	지방의회 표결방법의 원칙 관련 근거 미비	기록표결제도 원칙 도입
지방의원 겸직금지 명확화 (제43조)	① 겸직금지 대상 개념이 불명확 ② 겸직신고 내역 외부 미공개	① 겸직금지 대상 구체화 ② 겸직신고 내역 공개 의무화
지방의회 책임성 확보 (제65조)	① 윤리특별위원회 설치 임의규정 ② 윤리심사자문위원회 설치 미규정	① 윤리특별위원회 설치 의무화 ② 민간위원으로 구성된 윤리심사자문위원회 설치, 의견청취 의무화
시·군·구 사무수행 책임성 강화 (제189조)	시·군·구의 위법 처분·부작위에 대해 국가가 시정·이행명령 불가	국가가 보충적으로(시·도가 조치를 취하지 않을 경우) 시·군·구의 위법한 처분·부작위에 시정·이행명령 가능

Ⅳ. 중앙 – 지방 간 협력관계 정립 및 행정 능률성 제고

분야	개정 전	현행
중앙지방 협력회의 (제186조)	규정 없음 ※ 대통령 - 시·도지사 간담회 운영	'중앙지방협력회의' 신설(별도법 제정)
국가 – 지방 간 협력 (제164조)	규정 없음	균형적 공공서비스 제공, 균형발전 등을 위한 국가 – 자치단체, 자치단체 간 협력의무 신설
자치단체 사무에 대한 지도·지원 (제184조)	중앙행정기관의 장이나 시·도지사는 관할 지방자치단체의 사무에 대한 조언·권고·지도 가능	중앙행정기관의 장이나 시·도지사의 조언·권고·지도에 대한 단체장의 의견제출권 신설
매립지 관할 결정 절차 개선 (제5조)	매립지 관할 관련 이견이 없는 경우에도 지방자치단체 중앙분쟁조정위원회 절차를 거쳐 결정	분쟁 없는 경우 별도 심의의결 절차 생략 등 결정 가능
경계조정 절차 신설 (제6조)	규정 없음	① 지방자치단체 간 자율협의체를 통해 경계조정 협의 추진 ② 미해결 시 지방자치단체 중앙분쟁조정위원회 심의를 거쳐 조정 가능
단체장 인수위원회 (제105조)	규정 없음	시·도 20명, 시·군·구 15명 이내에서 임기 시작 후 20일 범위 내로 단체장 인수위원회 자율 구성
행정협의회 활성화 (제169조)	① 설립 시 지방의회의 의결 필요 ② 지방자치단체 간 협력에 대한 지원근거 없음	① 설립 시 지방의회에 보고로 간소화 ② 관계 중앙행정기관의 장은 협력활성화를 위해 필요한 지원 가능
특별지방 자치단체 (제12장)	세부사항 미규정 ※ 현행 법 제2조 제3항·제4항에 특별지방자치단체의 설치·운영에 관하여 필요한 사항은 대통령령으로 정하도록 규정(대통령령 미규정)	2개 이상의 지방자치단체가 공동으로 광역사무 처리를 위해 필요 시 특별지방자치단체 설치·운영 근거 규정

Memo

 Memo

2026 대비 최신개정판

해커스행정사
송상호
행정학개론 1차 핵심요약집

개정 2판 1쇄 발행 2025년 8월 18일

지은이	송상호
펴낸곳	해커스패스
펴낸이	해커스행정사 출판팀
주소	서울특별시 강남구 강남대로 428 해커스행정사
고객센터	1588-2332
교재 관련 문의	publishing@hackers.com
	해커스행정사 사이트(adm.Hackers.com) 1:1 무료상담
동영상강의	adm.Hackers.com
ISBN	979-11-7404-387-0 (13350)
Serial Number	02-01-01

저작권자 ⓒ 2025, 송상호
이 책의 모든 내용, 이미지, 디자인, 편집 형태는 저작권법에 의해 보호받고 있습니다. 서면에 의한 저자와 출판사의 허락 없이 내용의 일부 혹은 전부를 인용, 발췌하거나 복제, 배포할 수 없습니다.

한 번에 합격!
해커스행정사 adm.Hackers.com

해커스행정사

- 송상호 교수님의 **본 교재 인강**(교재 내 할인쿠폰 수록)